はじめての 3DCGプログラミング

例題で学ぶPOV-Ray

著者：山住 富也

近代科学社 Digital

はじめに

　近年、アクティブラーニングというキーワードをよく耳にします。学習者が主体となった学びの形です。著者は2015年ごろから、アクティブラーニングの中でも、特に「反転授業」の形式を取り入れた授業を試みています。これは、学習者は授業範囲を予習しておき、授業中は課題の作成に徹するというものです。

　本書はプログラミングの初心者を対象に反転授業を行うための教科書で、解説だけではなく多くの例題・課題を準備しました。非常に短い例題のソースコードを学習者自身が予習で理解し、授業においてはたくさんの課題を作成していきます。理解の手助けとして、それぞれの例題にはソースコードの意味を併記してあります。授業では、教員はプログラミングについての説明を行うのではなく、自力で理解して課題に取り組む学習者をサポートし、ときにはデバッグを手伝うことになります。

　POV-Rayは3次元のCGを描画するために開発された言語で、これからプログラミングを学ぼうとする人にとって、とても良い入口になると思われます。例えば、球を1個描くのに、sphereというソースコードを記述しますが、実行するとグラフィックス（画像ファイル）という明快な結果が出力されます。

　おそらく、初めは3次元の座標系に図形を配置するだけで四苦八苦するでしょう。しかし、描きたい図形を出力するにはどのようなプログラムを作るべきかという試行錯誤を繰り返しながら、いつのまにかプログラミングに親しむことになるでしょう。慣れてきたら、本書に用意した課題だけでなく、オリジナル作品の制作に挑戦してもらいたいと思います。

　2020年には義務教育でもプログラミングが必修化されます。導入の言語に何を選択すべきか、現場の教員にとっても学習者にとっても悩ましいところです。POV-Rayはフリーウェアですので、誰でも無料でインストールして使うことができます。また、文法が非常にやさしく、デバッグも容易です。さらに、選択や繰り返しといった制御構造や、マクロ、アニメーションといった機能も含まれますので、一般のプログラム言語に通じる要素がたくさん含まれています。本書では、これらのプログラミング手法を基礎から一通り学習できます。大学生だけでなく、中高校生の方々にも理解していただけると思います。

　本書を手に取っていただいたこの機会を逃さず、プログラミングの学習を始めましょう。

2019年12月　著者

目次

第4章　物体のカラーとパターン

第5章　物体のテクスチャとマテリアル

第6章　照明

第7章　背景

第8章　物体同士の演算

第9章　処理の流れの制御

第10章　マクロ

第11章　アニメーション

第12章　発展的な図形の描画

POV-Rayの基本

この章では、POV-Rayの基本操作を学習します。プログラムの入力や書き方と、実行・画面出力の手順を、短いプログラム例を作りながら確認してください。

1.1　POV-Rayのインストール

　POV-Rayは3次元のCGを描画するために開発された言語です。本書では公式サイトで配布されているWindows版を使います。

　POV-Rayの公式サイト（http://www.povray.org）からダウンロードして、インストールしてみましょう。公式サイトには、最新のバージョンがアップロードされています。トップページのメニューで"Download"を選択して、"Download Windows Installer"をクリックしてください。インストーラー付きのファイルがダウンロードされますので、ダブルクリックするとインストールが始まります。

1.2　POV-Rayの画面構成

　POV-Rayの画面構成を図1.1に示します。画面上部に、ファイルの保存や実行などのメニューアイコンがあります。画面下部のエディタでソースコードを入力・編集します。

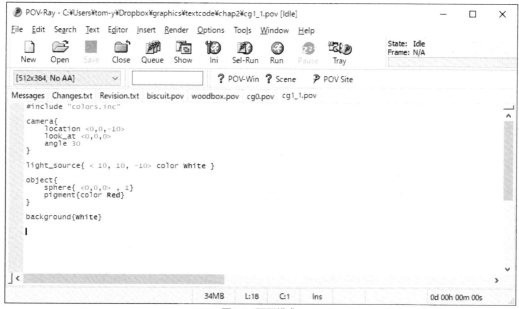

図1.1　画面構成

　主なアイコンの意味は、以下のとおりです。
- New：新規作成
- Open：ファイルを開く
- Save：保存
- Close：ファイルを閉じる
- Run：実行

1.3 描画の実行

[Run] をクリックすると、描画が開始されます。描画が成功すると、新しいウィンドウにグラフィックスが出力されます（図1.2）。

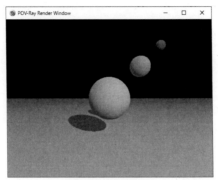

図1.2 出力画面

以下のメニューの、アイコン一覧の左下の"Preset render Options"（デフォルト：[512×384, No AA]）で、出力される画像サイズを選択することもできます（図1.3）。

図1.3 画像サイズの選択

1.4　CGを構成する3要素

　POV-Rayのプログラムでは次の3つの要素をコーディングします（図1.4）。

①物体（object）　｛形状、位置、カラー、模様……｝

　　どのような物体をどこに置くか。

②光源（light_source）　｛位置、カラー、強度……｝

　　どのような光をどこから当てるか。

③カメラ（camera）　｛位置、焦点、アングル……｝

　　どこから物体を見るか。どこに焦点を合わせるか。

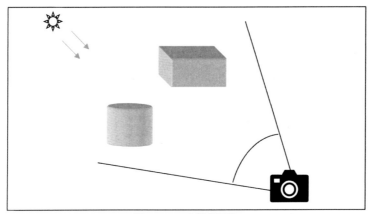

図1.4　CGの構成要素

1.5　座標系

　POV-Rayでは、3次元の座標系で位置を表します（図1.5）。座標はすべて<x,y,z>と記述します。

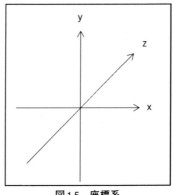

図1.5　座標系

1.6　ソースコード（シーンファイル）

　ソースコードは次のように記述します（ソースコードのことをシーンファイルといいます）。

　先頭のインクルード（#include）はカラー（color.inc）などの要素を追加するという宣言を意味します。

例1.1　黄色い球の描画

コード	意味
`#include "colors.inc"`	カラー定数の使用

`camera{`
　　`location<0,0,-10>`
　　`look_at<0,0,0>`
　　`angle 90`
`}`
	カメラ
	　置き場所
	　視点
	　角度

`light_source{<10,10,-20> color White}`	光源 　位置・カラー（白）

`// ----- Yellow ball -----`
`object{`
　　`sphere{<0,0,0>, 2}`
　　`pigment{color Yellow}`
`}`
	コメント
	物体
	　球（位置、半径）
	　カラー（黄）

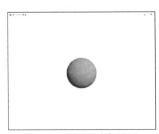

図1.6　例1.1の実行画面

　ソースコードを記述するときのポイントは次のとおりです。

①大文字と小文字は区別する。

　　［例］ sphere,pigment

　　［例］ カラーを指定するキーワード（White,Red…）

②カメラ、光源、物体は、それぞれの指定項目を`{ }`で囲む。

　　［例］ light_source{<10,10,-20> color White}

　　（意味）光源{　置き場所　,　光源のカラー　}

③座標はx,y,zの順に`< >`で囲む。

　　［例］ <-1, 1.5, -3>

④コメント（注釈）は、先頭に " // " をつける。この行は実行時に無視される。

　　［例］ // ----- Red cone ----

1.7　3要素の指定

（1）照明

　物体に光を当てる照明は、light_sourceというキーワードに続けて中カッコの中に、次のように位置とカラーを指定します。

```
light_source{ <x,y,z>  color  }
```

　ここで、<x，y，z>は照明の位置で、colorの後に照明のカラーを指定する定数などを記述します。

（2）カメラ

　カメラは描画するCGのシーンを1つのフレームとしてとらえます。cameraというキーワードに続けて中カッコの中に、次のようにカメラの位置、焦点（視点）となる座標、描画範囲を表す角度を指定します。

```
camera{
    location<x,y,z>
    look_at<x,y,z>
    angle t
}
```

　ここで、location<x,y,z>はカメラの位置です。look_at<x,y,z>は焦点（視点）で、カメラの目線ということができます。angle tは描画範囲の角度で、look_atで指定した焦点を中心とします。

（3）物体

　物体は、objectというキーワードに続けて中カッコの中に、次のように物体の形や位置、カラーなどを指定します。

```
object{
    sphere{<0,0,0>, 2}
    pigment{color Yellow}
}
```

　上のコードは、中心座標(0,0,0)、半径2の球（sphere）です。カラーは黄色（Yellow）です。物体の形については、第2章で説明します。

第1章の練習問題

　例1.1のソースコードをもとに、次の練習をしてみましょう。

練習1.1

　物体の中心座標を変更しましょう（x方向、y方向、z方向）。

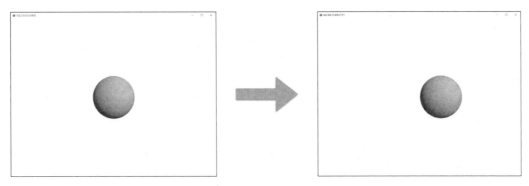

中心座標を変更（x方向をプラスの値に）

練習1.2

　物体の半径を変更しましょう（大小）。

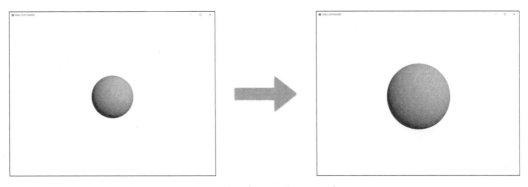

半径を変更（半径の値を大きく）

練習 1.3

カメラの焦点を変更しましょう（x 方向、y 方向、z 方向）。

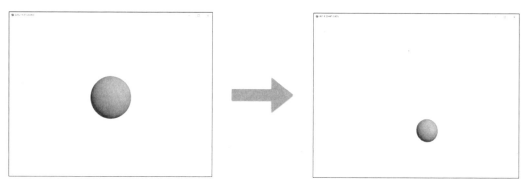

カメラの焦点を変更

練習 1.4

カメラの位置を変更しましょう（x 方向、y 方向、z 方向）。

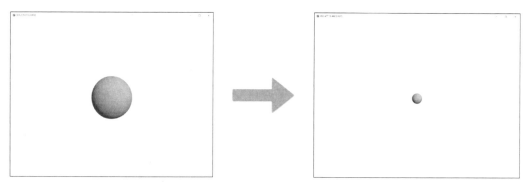

カメラの位置を変更（z 方向をマイナスの値に）

第2章

基本図形の描画

この章では、POV-Rayのプログラミングで最も基本的な図形の描画を学習します。球、直方体、円柱、円錐台、トーラスを描画しながら、3次元の座標系に慣れていきましょう。

2.1　球（sphere）

　球を描画するには、sphereというキーワードに続けて中カッコの中に、次のように中心座標と半径を指定します。

```
sphere { <x, y, z>, r }
```

　ここで、<x, y, z>は中心座標、rは半径です。

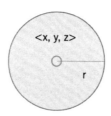

　例2.1のソースコードは中心座標(0,0,0)に半径1の球を描画するものです。1.7節で説明したように、球などの物体を描画する場合、objectというキーワードで囲みます。

例2.1　赤い球の描画

コード	意味
`#include "colors.inc"`	カラー定数の使用

`camera{`
`    location<0,0,-10>`
`    look_at<0,0,0>`
`    angle 30`
`}`
	カメラ
	置き場所
	視点
	角度

`light_source{ < 10, 10, -10> color White }`	光源 位置・カラー（白）

`object{`
`    sphere{ <0,0,0> , 1}`
`    pigment{color Red}`
`}`
	物体
	球（位置、半径）
	カラー（赤）

`background{White}`	背景 カラー（白）

図2.1　例2.1の実行結果

pigmentは、物体のカラーを指定します。表2.1に、カラーを指定するキーワード（定数）を抜粋します。大文字と小文字を区別しますので、気をつけて入力しましょう。

表2.1 カラー定数（抜粋）

カラー	定数
白黒系	White Black Grey
赤系	Red Brown Pink Violet Magenta
黄系	Yellow Orange YellowGreen
緑系	Green GreenYellow
青系	Blue Cyan Navy

例2.2のソースコードは半径とカラーの異なる3個の球を描画するものです。球を1個描画するごとに、objectと記述します。

例2.2 3個の球の描画

コード	意味
`#include "colors.inc"`	カラー定数の使用

`//------------ camera -------------`
`camera{`
`    location<0,0,-10>`
`    look_at<0,0,0>`
`    angle 90`
`}`
	カメラ
	置き場所
	視点
	角度

`//------------ light -------------` `light_source{<10,10,-20> color White}`	光源 位置・カラー（白）

`//------------ Yellow ball --------------`
`object{`
`    sphere{<0,0,0>, 2}`
`    pigment{color Yellow}`
`}`
	物体1
	球（位置、半径）
	カラー（黄）

`//------------ Orange ball --------------`
`object{`
`    sphere{<3,3,0>, 1}`
`    pigment{color Orange}`
`}`
	物体2
	球（位置、半径）
	カラー（オレンジ）

`//------------ Red ball --------------`
`object{`
`    sphere{<5,5,0>, 0.5}`
`    pigment{color Red}`
`}`
	物体3
	球（位置、半径）
	カラー（赤）

`background{White}`	背景 カラー（白）

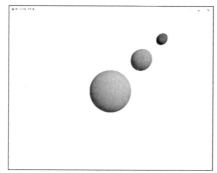

図2.2　例2.2の実行結果

2.1節の練習問題

練習2.1.1

　3個の球を横に並べて描画しましょう。中央の球と両端の球は別のカラーを指定しましょう。

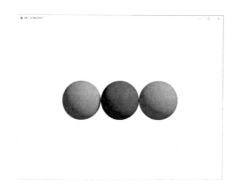

練習2.1.2

　3個の球を縦に並べて描画しましょう。中央の球と上下の球は別のカラーを指定しましょう。

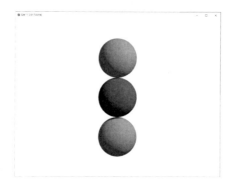

練習2.1.3

3個の球を手前から奥に向かって並べて描画しましょう。中央の球と手前・奥の球は別のカラーを指定しましょう。

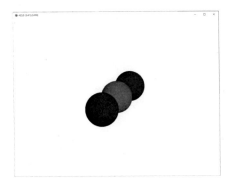

練習2.1.4

3個の球を斜めに並べて描画しましょう。

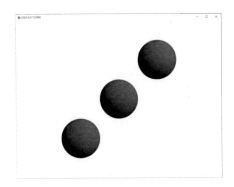

練習2.1.5

4個の球を次のように配置して描画しましょう。

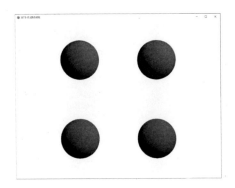

練習2.1.6

8個の球を次のように配置して描画しましょう。

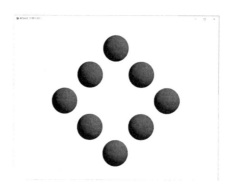

練習2.1.7

13個の球を次のように配置して描画しましょう（表紙参照）。

練習2.1.8

9個の球を次のように配置して描画しましょう。中央の球のみ別のカラーを指定しましょう。

練習2.1.9

球を使って自由に描画してみましょう。

2.2　直方体（box）

　直方体を描画するには、boxというキーワードに続けて中カッコの中に、次のように対角にある頂点座標を指定します。

```
box { <x1, y1, z1>, <x2, y2, z2> }
```

　ここで、<x1, y1, z1>と<x2, y2, z2>は対角にある座標です。

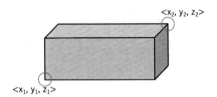

　例2.3のソースコードは座標(-1,-1,-1)と(1,1,1)を頂点とする直方体を描画するものです。

例2.3　黄色い直方体の描画

コード	意味
`#include "colors.inc"`	カラー定数の使用

`camera{`
`    location <10,20,-20>`
`    look_at <0,0,0>`
`    angle 20`
`}`
	カメラ
	　置き場所
	　視点
	　角度

`light_source{ < -10, 10, -10> color White }`	光源 　位置・カラー（白）

`object{`
`    box{ <-1,-1,-1> , <1,1,1>}`
`    pigment{color Yellow}`
`}`
	物体
	　直方体（位置）
	　カラー（黄）

`background{White}`	背景 　カラー（白）

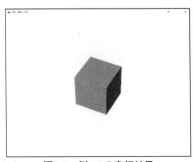

図2.3　例2.3の実行結果

2.2節の練習問題

練習2.2.1

　直方体を1個描画しましょう。

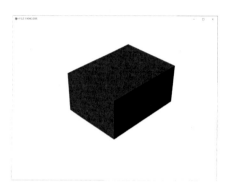

練習2.2.2

　直方体（立方体）を2個並べて描画しましょう。直方体はそれぞれ別のカラーを指定しましょう。

練習2.2.3

　直方体（立方体）を4個配置して描画しましょう。対角にある直方体は同じカラーを指定しましょう。

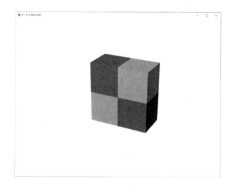

練習2.2.4

　直方体（立方体）を4個配置して描画しましょう。対角にある直方体は同じカラーを指定しましょう。

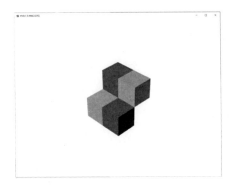

練習2.2.5

　直方体（立方体）を4個配置して描画しましょう。1個おきに別のカラーを指定しましょう。

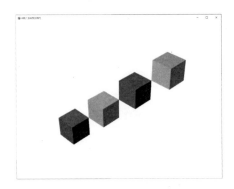

練習2.2.6

　直方体を3個配置して描画しましょう。直方体はそれぞれ別のカラーを指定しましょう。

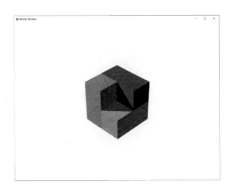

練習2.2.7

　直方体（立方体）1個と球を2個配置して描画しましょう。直方体（立方体）と球はそれぞれ別のカラーを指定しましょう。

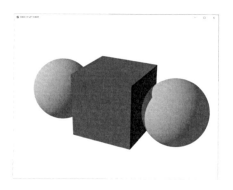

練習2.2.8

　直方体3個を配置して描画しましょう。直方体はそれぞれ別のカラーを指定しましょう。

練習2.2.9

　直方体（立方体）1個と球を8個配置して描画しましょう。直方体（立方体）と球はそれぞれ別のカラーを指定しましょう。

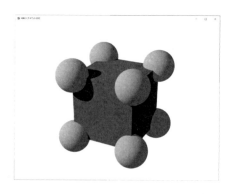

練習2.2.10

　直方体と球を使って自由に描画してみましょう。

2.3 円柱（cylinder）

　円柱を描画するには、cylinderというキーワードに続けて中カッコの中に、次のように底面の中心座標をと半径を指定します。

```
cylinder { <x1, y1, z1>, <x2, y2, z2>, r }
```

　ここで、<x1, y1, z1>と<x2, y2, z2>は底面の座標、rは半径です。

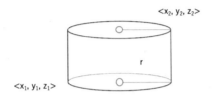

　例2.4のソースコードは座標(0,-1,0)と(0,1,0)を底面の中心座標とする円柱を描画するものです。

例2.4　黄色い円柱の描画

コード	意味
#include "colors.inc"	カラー定数の使用

camera{
　　location <5,5,-20>
　　look_at <0,0,0>
　　angle 30
}
	カメラ
	　置き場所
	　視点
	　角度

light_source{ < -10, 15, -10> color White }	光源 　位置・カラー（白）

object{
　　cylinder{ <0,-1,0> , <0,1,0>, 2}
　　pigment{color Yellow}
}
	物体
	　円柱（位置）
	　カラー（黄）

background{White}	背景 　カラー（白）

図2.4　例2.4の実行結果

円柱を中空にするには、次のように半径の後にopenというキーワードを記述します。

```
cylinder { <x1, y1, z1>, <x2, y2, z2>, r open }
```

2.3節の練習問題

練習2.3.1
円柱を3個配置して描画しましょう。円柱はそれぞれ別のカラーを指定しましょう。

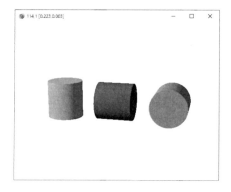

練習2.3.2
円柱（中空）を3個配置して描画しましょう。円柱はそれぞれ別のカラーを指定しましょう。

練習2.3.3

同じ半径の円柱を3個並べて描画しましょう。中央の円柱と左右の円柱はそれぞれ別のカラーを指定しましょう。

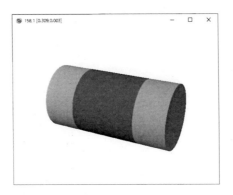

練習2.3.4

異なる半径の円柱を配置し描画しましょう。円柱はそれぞれ別のカラーを指定しましょう。

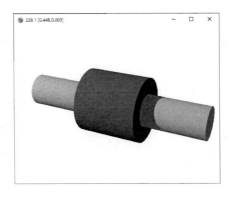

練習2.3.5

円柱1個と球2個をカプセル状に並べて描画しましょう。円柱と球はそれぞれ別のカラーを指定しましょう。

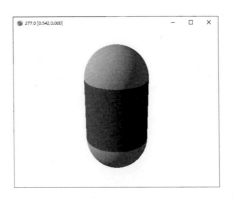

練習2.3.6

円柱1個と球2個を使ったカプセル状の図形を3個描画しましょう。円柱と球はそれぞれ別の
カラーを指定しましょう。

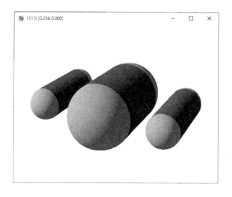

練習2.3.7

円柱1個と球2個を配置して描画しましょう。円柱と直方体（立方体）はそれぞれ別のカラー
を指定しましょう。

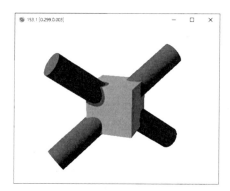

練習2.3.8

円柱2個と直方体を配置して描画しましょう。円柱と直方体はそれぞれ別のカラーを指定しま
しょう。

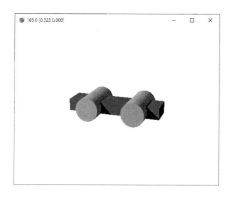

練習2.3.9

　円柱2個、球2個、直方体1個を配置して描画しましょう。円柱、球、直方体はそれぞれ別のカラーを指定しましょう。

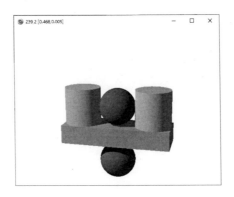

練習2.3.10

　円柱、直方体、球を使って自由に描画してみましょう。

2.4　円錐・円錐台（cone）

　円錐・円錐台を描画するには、coneというキーワードに続けて中カッコの中に、次のように底面の中心座標と半径を指定します。

```
cone { <x1, y1, z1>, r1, <x2, y2, z2>, r2 }
```

　ここで、<x1, y1, z1>と<x2, y2, z2>は上面と底面の座標、r1、r2は半径です。一方の半径を0にすると円錐となります。

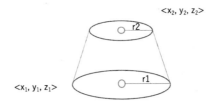

　例2.5のソースコードは、座標(0,1,0)と(0,-1,0)を底面の中心座標とする円錐台を描画するものです。

例2.5　オレンジの円錐台の描画

コード	意味
#include "colors.inc"	カラー定数の使用

camera{
　　location <5,5,-10>
　　look_at <0,0,0>
　　angle 30
}
	カメラ
	置き場所
	視点
	角度

light_source{ < -10, 15, -10> color White }	光源 　位置・カラー（白）

object{
　　cone{ <0,1,0> , 0.5, <0,-1,0>, 1}
　　pigment{color Orange}
}
	物体
	円錐台（位置）
	カラー（オレンジ）

background{White}	背景 　カラー（白）

図2.5　例2.5の実行結果

円錐台を中空にするには、次のように半径 r2 の後に open というキーワードを記述します。

```
cylinder { <x1, y1, z1>, r1, <x2, y2, z2>, r2 open }
```

2.4節の練習問題

練習2.4.1

円錐・円錐台を3個配置して描画しましょう。中央の円錐台と左右の円錐は別のカラーを指定しましょう。

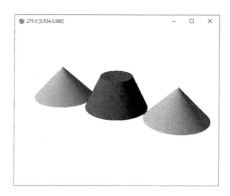

練習 2.4.2

円錐台（中空）を3個配置して描画しましょう。中央の円錐台と左右の円錐台は別のカラーを指定しましょう。

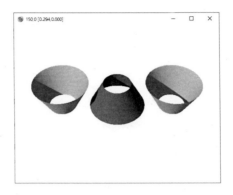

練習 2.4.3

円錐を3個配置し描画しましょう。円錐は下から上に向かって半径を1/2、1/4と小さくし、それぞれ別のカラーを指定しましょう。

練習 2.4.4

円錐4個と球1個を配置し描画しましょう。円錐と球はそれぞれ別のカラーを指定しましょう。

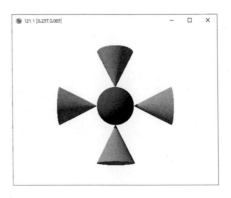

練習2.4.5

円錐5個と円柱1個を配置し描画しましょう。円錐と円柱はそれぞれ別のカラーを指定しましょう。

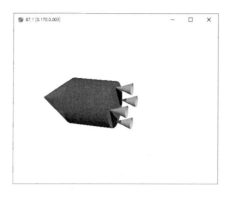

練習2.4.6

円錐3個を配置し描画しましょう。円錐はすべて同じカラーを指定しましょう。

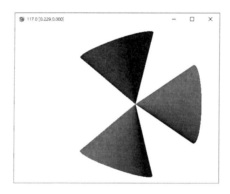

練習2.4.7

円錐8個と直方体1個を配置し描画しましょう。円錐と直方体はそれぞれ別のカラーを指定しましょう。

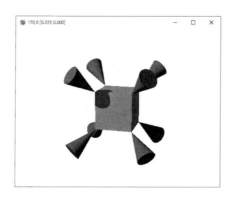

練習2.4.8

　円錐1個、球1個と円柱を配置し描画しましょう。円錐、球、円柱はそれぞれ別のカラーを指定しましょう。

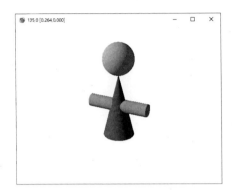

練習2.4.9

　円錐台、円柱、直方体、球を使って自由に描画してみましょう。

2.5　トーラス（torus）

　トーラス（ドーナツ）を描画するには、torusというキーワードに続けて中カッコの中に、次のように外径と断面の半径を指定します。

```
torus{ r1, r2 }
```

　ここで、r1、r2は外径（中心からドーナツの断面の中心まで）と断面の半径です。トーラスは中心座標(0,0,0)に描画されます。

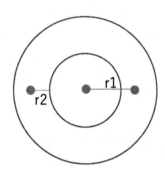

　例2.6のソースコードは、外径5、断面の半径1のトーラスを描画するものです。

例2.6　赤のトーラスの描画

コード	意味
`#include "colors.inc"`	カラー定数の使用

`camera{`
`    location <0,10,-30>`
`    look_at <0,0,0>`
`    angle 30`
`}`
	カメラ
	　置き場所
	　視点
	　角度

`light_source{ < -10, 15, -10> color White }`	光源 　位置・カラー（白）

`object{`
`    torus{ 5, 1 }`
`    pigment{color Red}`
`}`
	物体
	　トーラス（位置）
	　カラー（赤）

`background{White}`	背景 　カラー（白）

図2.6　例2.6の実行結果

2.5節の練習問題

練習2.5.1

トーラス3個を配置し、描画しましょう（表紙参照）。

練習2.5.2

トーラス1個と球1個を配置し、描画しましょう。

練習2.5.3

トーラス1個と円錐（中空）2個を配置し、描画しましょう。トーラスと円錐はそれぞれ別のカラーを指定しましょう。

練習2.5.4

トーラス1個と円柱（中空）は配置し、描画しましょう。トーラスと円柱はそれぞれ別のカラーを指定しましょう。

練習2.5.5

トーラス、円錐台、円柱、直方体、球を使って自由に描画してみましょう。

2.6　無限平面（plane）

　無限平面を描画するには、planeというキーワードに続けて中カッコの中に、次のように法線ベクトル（平面に対して垂直方向のベクトル）および、原点からの距離を指定します。

```
plane { <x, y, z>, d }
```

　ここで、<x,y,z>は法線ベクトル、dは原点からの距離です。
　例2.7のソースコードは、Y軸に対して垂直な無限平面と、原点を中心とする球を描画するものです。

例2.7　グレーの無限平面の描画

コード	意味
`#include "colors.inc"`	カラー定数の使用

`camera{`
`    location <0,0,-15>`
`    look_at <0,0,0>`
`    angle 30`
`}`
	カメラ
	置き場所
	視点
	角度

`light_source{ < 0, 10, 0> color White }`	光源 位置・カラー（白）

`object{`
`    sphere{ <0, 0, 0>, 1}`
`    pigment{color Red}`
`}`
	物体
	球（位置）
	カラー（赤）

`object{`
`    plane{ <0, 1, 0>, -2}`
`    pigment{color Gray}`
`}`
	物体
	無限平面
	カラー（グレー）

`background{White}`	背景 カラー（白）

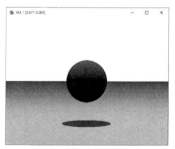

図2.7　例2.7の実行結果

2.6節の練習問題

練習2.6.1

　無限平面と球1個を配置し、描画しましょう。無限平面と球はそれぞれ別のカラーを指定しましょう。

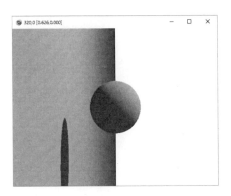

練習2.6.2

　無限平面と球1個を配置し、描画しましょう。無限平面と球はそれぞれ別のカラーを指定しましょう。

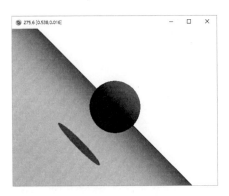

練習2.6.3

　無限平面と球1個、トーラス1個を配置し、描画しましょう。無限平面と球とトーラスはそれぞれ別のカラーを指定しましょう。

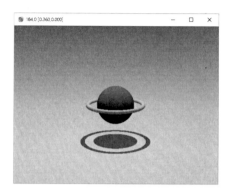

練習2.6.4

　無限平面と円錐（中空）2個を配置し、描画しましょう。無限平面と円錐はそれぞれ別のカラーを指定しましょう。

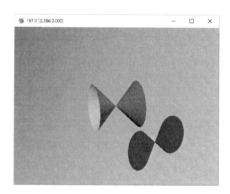

練習2.6.5

　無限平面、トーラス、円錐・円錐台、円柱、直方体、球を使って自由に描画してみましょう。

第3章

物体の平行移動、
回転、拡大・縮小

この章では、一度描画した図形の位置を移動した
り、大きさを拡大・縮小したりする方法を学びます。
さまざまな角度に図形を配置することや、任意の大
きさの図形描画が容易になります。

3.1　平行移動（translate）

　物体を平行移動するには、translateというキーワードを使って移動する方向と距離を指定します。

```
translate<dx, dy, dz>
```

　ここで、<dx, dy, dz>は移動の方向と距離です。

　例3.1のソースコードは外径2、断面の半径0.5のトーラスを3つ描画するものです。1つ目のトーラス（Red）は中心に描画されます。2つ目のトーラス（Green）はx方向に＋6、3つ目のトーラス（Blue）はx方向に－5、y方向に＋3平行移動しています。

例3.1　トーラスの平行移動

コード	意味
`#include "colors.inc"`	カラー定数の使用

`camera{`
`    location <5,10,-35>`
`    look_at <0,0,0>`
`    angle 30`
`}`
	カメラ
	　置き場所
	　視点
	　角度

`light_source{ < -10, 10, -10> color White }`	光源 　位置・カラー（白）

`object{`
`    torus{ 2, 0.5}`
`    pigment{color Red}`
`}`
	物体
	　トーラス
	　カラー（赤）

`object{`
`    torus{ 2, 0.5}`
`    pigment{color Green}`
`    translate<6,0,0>`
`}`
	物体
	　トーラス
	　カラー（緑）
	　平行移動

`object{`
`    torus{ 2, 0.5}`
`    pigment{color Blue}`
`    translate<-5,2,0>`
`}`
	物体
	　トーラス
	　カラー（青）
	　平行移動

`background{White}`	背景 　カラー（白）

図3.1　例3.1の実行結果

3.1節の練習問題

練習3.1.1

5個のトーラスを配置し、描画しましょう。トーラスはそれぞれ別のカラーを指定しましょう（表紙参照）。

練習3.1.2

4個のトーラスと1個の円錐を描画しましょう。トーラスと円錐はそれぞれ別のカラーを指定しましょう。

3.2　回転（rotate）

物体を回転するには、rotateというキーワードを使って軸の周りに対する回転角を指定します。

```
rotate<θx, θy, θz>
```

例3.2のソースコードは、高さ5の円柱（Red）を3つ描画します。2つ目の円柱（Blue）はz軸を軸として60度回転し、3つ目の円柱は−60度回転しています。

例3.2　円柱の回転

コード	意味
`#include "colors.inc"`	カラー定数の使用

`camera{`
`    location <0,15,-20>`
`    look_at <0,0,0>`
`    angle 30`
`}`
	カメラ
	　置き場所
	　視点
	　角度

`light_source{ < -10, 10, -10> color White }`	光源 　位置・カラー（白）

`object{`
`    cylinder{<0,0,0>,<0,5,0> 0.5}`
`    pigment{color Red}`
`}`
 	
`object{`
`    cylinder{<0,0,0>,<0,5,0> 0.5}`
`    pigment{color Blue}`
`    rotate <0,0,60>`
`}`
 	
`object{`
`    cylinder{<0,0,0>,<0,5,0> 0.5}`
`    pigment{color Green}`
`    rotate <0,0,-60>`
`}`
	物体
	　円柱
	　カラー（赤）
	
	物体
	　円柱
	　カラー（青）
	　回転
	
	物体
	　円柱
	　カラー（緑）
	　回転

`background{White}`	背景 　カラー（白）

図3.2　例3.2の実行結果

3.2節の練習問題

練習3.2.1

　円錐6個を配置し、描画しましょう。円錐は60度ずつ回転した位置で、1個おきに別のカラーを指定しましょう。

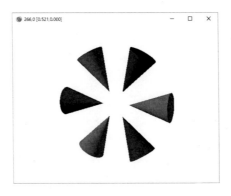

練習3.2.2

　円柱を4本配置し描画しましょう。円柱はx軸・y軸・z軸についてそれぞれ90度ずつ回転した位置で、それぞれ別のカラーを指定しましょう。

練習3.2.3

　円柱1個と直方体（立方体）1個をそれぞれ別のカラーを指定して描画しましょう。直方体はy軸およびz軸についてそれぞれ45度回転させます。

練習3.2.4

　トーラス3個をそれぞれ別のカラーを指定して描画しましょう。2つの小さいトーラスはz軸について45度（−45度）回転させます。

練習3.2.5

　平行移動、回転を用い、トーラス、円錐台、円柱、直方体、球を使って自由に描画してみましょう。

3.3　拡大・縮小（scale）

物体を拡大・縮小するには、scaleというキーワードを使って倍率と方向を指定します。

```
scale <mx, my, mz>
```

　ここで、`<mx, my, mz>`は各方向の倍率です。

　例3.3のソースコードは、中心<0,0,0>に半径1の球を描画し、x方向について2倍拡大（変形）するものです。

例3.3　球の拡大（変形）

コード	意味
`#include "colors.inc"`	カラー定数の使用

`camera{`
　　`location <0,10,20>`
　　`look_at <0,0,0>`
　　`angle 30`
`}`
	カメラ
	　置き場所
	　視点
	　角度

`light_source{ < -10, 10, -10> color White }`	光源 　位置・カラー（白）

`object{`
　　`sphere{<0,0,0>, 1}`
　　`pigment{color Green}`
　　`scale<2,1,1>`
`}`
	物体
	　球
	　カラー（緑）
	　拡大（x方向2倍）

`background{White}`	背景 　カラー（白）

図3.3　例3.3の実行結果

3.3節の練習問題

練習3.3.1

　円錐台（中空）を描画しましょう。円錐台は横長とします。

練習3.3.2

円錐台（中空）1個と球1個を描画しましょう。円錐台はx軸方向に拡大します。

練習3.3.3

トーラス2個を描画しましょう。小さいトーラスは、y軸およびz軸方向に拡大します。

練習3.3.4

球を2個描画しましょう。球はそれぞれx軸・y軸方向に拡大します。

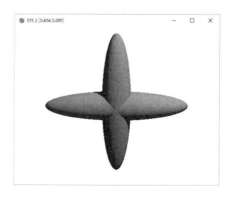

3.4 移動、回転、拡大・縮小の組み合わせ

1個の物体に対して、平行移動、回転、拡大・縮小を組み合わせることができます。例3.4の
ソースコードは、boxを中央に描画し、y軸について45度回転してからx方向に2.5倍拡大し、y
軸方向に平行移動しています。

例3.4 直方体の回転、拡大

コード	意味
`#include "colors.inc"`	カラー定数の使用
```camera{` ` location <5,20,-35>` ` look_at <0,0,0>` ` angle 30` `}```	カメラ 置き場所 視点 角度
`light_source{ < 0, 20, -10> color White }`	光源 位置・カラー（白）
```object{` ` box{<-1,-1,-1>,<1,1,1>}` ` pigment{color Red}` ` ` ` rotate<0,45,0>` ` scale<2.5,1,1>` `}```	物体 直方体 カラー（赤） 回転y軸45度 倍率x方向2.5倍
```object{` ` box{<-1,-1,-1>,<1,1,1>}` ` pigment{color Orange}` ` ` ` rotate<0,45,0>` ` scale<2.5,1,1>` ` translate<0,-2,0>` `}```	物体 直方体 カラー（オレンジ） 回転y軸45度 倍率x方向2.5倍 平行移動
```object{` ` box{<-1,-1,-1>,<1,1,1>}` ` pigment{color Orange}` ` ` ` rotate<0,45,0>` ` scale<2.5,1,1>` ` translate<0,2,0>` `}```	物体 直方体 カラー（オレンジ） 回転y軸45度 倍率x方向2.5倍 平行移動
```object{` ` box{<-1,-1,-1>,<1,1,1>}` ` pigment{color Yellow}` ` ` ` rotate<0,45,0>` ` scale<2.5,1,1>` ` translate<0,4,0>` `}```	物体 直方体 カラー（黄色） 回転y軸45度 倍率x方向2.5倍 平行移動

object{	物体

box{<-1,-1,-1>,<1,1,1>}
   pigment{color Yellow}
 	
   rotate<0,45,0>
   scale<2.5,1,1>
   translate<0,-4,0>
}
	直方体
	  カラー（黄色）
	
	  回転y軸45度
	  倍率x方向2.5倍
	  平行移動

background{White}	背景 カラー（白）

図3.4　例3.4の実行結果

3.4節の練習問題

練習3.4.1

中心に円錐を描画し、x方向に平行移動してから、30度おきに回転しましょう。

練習3.4.2

中心に立方体を描画し、45度回転してから、各方向へ平行移動しましょう。

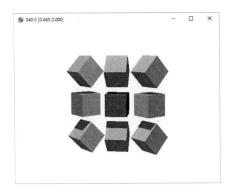

練習3.4.3

円錐と円柱を描画し、平行移動してから、30度おきに回転しましょう。

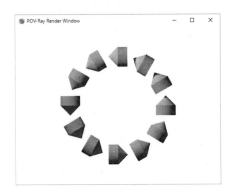

練習3.4.4

直方体（立方体）を中心に描画し、10度ごとに回転してから、各方向へ平行移動しましょう。

練習3.4.5

　トーラスを描画し、x軸方向に90度回転します。次に球を描画し、平行移動してから60度おきに回転しましょう。

練習3.4.6

　平行移動、回転、拡大・縮小を用い、トーラス、円錐台、円柱、直方体、球を自由に描画してみましょう。

第4章

物体のカラーとパターン

物体にはさまざまなカラーをいくつかの方法で指定することができます。また、パターン（模様）を指定することができます。この章では、カラーとパターンの種類と指定方法を学習します。

4.1　カラーの指定

　物体のカラーの指定は、次のように pigment というキーワードに続けて中カッコの中に記述します。

```
pigment{color 色名}
```

　カラーのキーワード (定数) を表4.1、4.2に示します。これらは、インクルードファイル colors.inc で定義されています。

表4.1　主なカラー定数 (* は基本色)

カラー	定数
白黒系	White* Black* Clear* Grey
赤系	Red* Violet Magenta* Brown Pink
黄系	Yellow* Orange YellowGreen
緑系	Green* GreenYellow
青系	Blue* Cyan* Navy

表4.2　その他のカラー定数

カラー	定数
グレー系	Gray05,Gray10,Gray15,Gray20,Gray25,Gray30,Gray35,Gray40,Gray45 Gray50,Gray55,Gray60,Gray65,Gray70,Gray75,Gray80,Gray85,Gray90 Gray95,DimGray,DimGrey,Gray,Grey, LightGray,LightGrey,VLightGray,VLightGrey
その他	Aquamarine, BakersChoc,BlueViolet,Brass,BrightGold,Bronze,Bronze2,Brown, CadetBlue,Coral,CoolCopper, Copper,CornflowerBlue, DarkBrown,DarkGreen,DarkOliveGreen,DarkOrchid,DarkPurple, DarkSlateBlue,DarkSlateGray,DarkSlateGrey,DarkTan,DarkTurquoise,DarkWood, DkGreenCopper,DustyRose, Feldspar,Firebrick,Flesh,ForestGreen, Gold,Goldenrod,GreenCopper,GreenYellow, HuntersGreen, IndianRed, Khaki, LightBlue,LightSteelBlue,LimeGreen,LightWood,Light_Purple, MandarinOrange,Maroon,MediumAquamarine,MediumBlue,MediumForestGreen MediumGoldenrod,MediumOrchid,MediumSeaGreen,MediumSlateBlue,Med_Purple, MediumSpringGreen,MediumTurquoise,MediumVioletRed,MediumWood, MidnightBlue, Navy,NavyBlue,NeonBlue,NeonPink,NewMidnightBlue,NewTan OldGold,Orange,OrangeRed,Orchid, PaleGreen,Pink, Plum, Quartz, RichBlue, Salmon,Scarlet, SeaGreen,SemiSweetChoc, Sienna,Silver,SkyBlue,SlateBlue,SpicyPink,SpringGreen,SteelBlue,SummerSky, Tan,Thistle,Turquoise, VeryDarkBrown,Very_Light_Purple, Violet, VioletRed, Wheat, YellowGreen

また、RGBの比率で次のようにカラーを指定することができます。

```
pigment{ color rgb <赤 , 緑 , 青> }
```

赤緑青の値は、それぞれ0〜1の値で設定します。例えば、次の値を指定すると、Redと同じ赤となります。

```
pigment{ color rgb <1 , 0 , 0> }
```

また、次の値を指定すると、Grayと同じ灰色となります。

```
pigment{ color rgb <0.5 , 0.5 , 0.5> }
```

例4.1のソースコードは2つの球を描画するものです。いずれも黄色です。

例4.1　2個の球の描画

コード	意味
`#include "colors.inc"`	カラー定数の使用

`//------------ camera -------------`
`camera{`
`    location <0,5,-20>`
`    look_at <0,0,0>`
`    angle 30`
`}`
	カメラ
	　置き場所
	　視点
	　角度

`//------------ light -------------` `light_source{ < 0, 10, -5> color White }`	光源 　位置・カラー（白）

`object{`
`    sphere{ <-1, 0, 0>, 1}`
`    pigment{color Yellow}`
`}`
	物体1
	　球（位置、半径）
	　カラー（黄）

`object{`
`    sphere{ <1, 0, 0>, 1}`
`    pigment{color rgb<1,1,0>}`
`}`
	物体2
	　球（位置、半径）
	　カラー（黄）

`background{White}`	背景 　カラー（白）

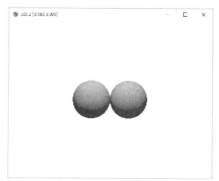

図4.1　例4.1の実行結果

4.1節の練習問題

練習4.1.1

　右から赤、緑、青の円錐、黄、シアン、マゼンタの円柱を描画しましょう。それぞれのカラーはrgbで指定すること。

【ヒント】黄：rgb<1,1,0>、シアン：rgb<0,1,1>、マゼンタ：rgb<1,0,1>

練習4.1.2

　直方体（立方体）9個と球2個を描画しましょう。それぞれのカラーはrgbで指定すること。

【ヒント】黒：rgb<0,0,0>、白：rgb<1,1,1>、グレー：rgb<0.2, 0.2, 0.2>のようにRGBの値を同じ値にする。0に近いほど暗い。

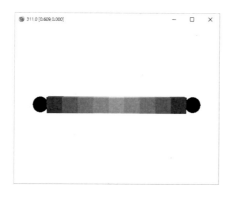

練習 4.1.3

12色の円柱を色相環のように描画しましょう。円柱は30度ずつ回転させます（表紙参照）。
【ヒント】赤（Red）、赤紫（VioletRed）、紫（Violet）、青紫（BlueViolet）、青（Blue）、緑みの青（CadetBlue）、青緑（SeaGreen）、緑（Green）、黄緑（YellowGreen）、黄（Yellow）、黄みの橙（Orange）、赤みの橙（OrangeRed）

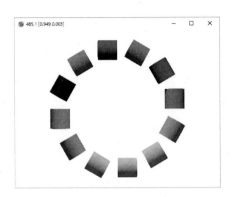

練習 4.1.4

赤、青、緑の球を描画し、中心に向かって黒に近づくようなグラデーションにしましょう。

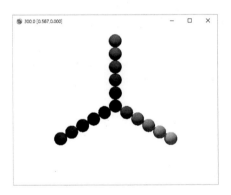

練習 4.1.5

さまざまなカラーを使って自由に描画してみましょう。

4.2 透過度の指定

透過度は次のようにrgbtというキーワードで指定することができます。

```
pigment{color rgbt <赤 , 緑 , 青, 透過度>}
```

　ここで、透過度は0～1の値で設定します。0は完全に不透明で、1に近づくほど透過度が増します。1を指定すると物体は完全に透明となります。例4.2のソースコードは2つの直方体を描画するものです。一方は不透明で、もう一方は透過度0.5です。

例4.2　2個の直方体の描画

コード	意味
`#include "colors.inc"`	カラー定数の使用

`//------------ camera -------------`
`camera{`
`    location <5,5,-10>`
`    look_at <0,0,0>`
`    angle 30`
`}`
	カメラ
	置き場所
	視点
	角度

`//------------ light ------------` `light_source{ < 0, 10, -5> color White }`	光源 位置・カラー（白）

`object{`
`    box{ <0, 0, 0>, <1,1,1>}`
`    pigment{color rgbt<1,1,0, 0.5>}`
`}`
	物体1
	直方体
	カラー（黄）
	透明度0.5

`object{`
`    box{ <-1,-1,-1>, <0,0,0>}`
`    pigment{color rgbt<1,1,0, 0>}`
`}`
	物体2
	直方体
	カラー（黄）
	透明度0

`background{White}`	背景 カラー（白）

図4.2　例4.2の実行結果

　次のように、カラー定数の後にtransmitというキーワードに続いて透過度を指定することもできます。

```
pigment{color カラー定数 transmit 透過度}
```

また、透過度はrgbfというキーワードで指定することもできます。ここで、透過度は0～1の値です。

```
pigment{color rgbf <赤，緑，青，透過度>}
```

なお、rgbt の "t" は "transmit"、rgbf の "f" は "filter" です（両者は一見して見分けはつきにくいです）。

4.2節の練習問題

練習4.2.1
球を7個並べ、中心から外側に向かって透明にしましょう。

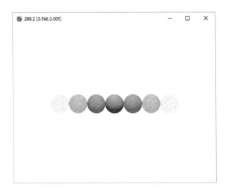

練習4.2.2
透明な球の中に、直方体を入れましょう。

練習4.2.3
透明な円柱の中に、不透明な円柱を入れましょう。

練習4.2.4

　シアン、マゼンタ、イエローの円錐を重ねましょう。一番下の円錐は不透明で、上に積み重なっている円錐はだんだん透明にします。

練習4.2.5

　物体の透過度を変化させ、自由に描画してみましょう。

4.3　パターンの指定

　物体のパターン（模様）の指定は次のように`pigment`というキーワードを使って中カッコの中に記述します。

```
pigment{パターン名  color 色名, color 色名, ...}
```

　代表的なパターンは表4.3の3つです。

表4.3　代表的なパターン

パターン名	模様の種類
checker	チェッカー模様
brick	レンガ模様
hexagon	六角形模様

（1）チェッカー模様

　例4.3のソースコードはチェッカー模様の直方体を描画するものです。パターンとその倍率（模様の細かさ）は`scale`で指定することができます。

例4.3　3個の直方体の描画

コード	意味
`#include "colors.inc"`	カラー定数の使用

`//------------ camera -------------`
`camera{`
`    location <10,25,-50>`
`    look_at <0,0,0>`
`    angle 30`
`}`
	カメラ
	　置き場所
	　視点
	　角度

`//------------ light -------------` `light_source{ < 10, 10, -15> color White }`	光源 　位置・カラー（白）

`object{`
`    box{<-2,-5,-3>, <2,5,3>}`
`    pigment{`
`        checker color Green, color Red`
`        scale 1`
`    }`
`}`
	物体
	　直方体
	　パターン
	　倍率

`object{`
`    box{<-7,-5,-3>, <-3,5,3>}`
`    pigment{`
`        checker color Yellow, color Cyan`
`        scale 0.5`
`    }`
`}`
	物体
	　直方体
	　パターン
	　倍率

`object{`
`    box{<3,-5,-3>, <7,5,3>}`
`    pigment{`
`        checker color rgb<1,0,1>, color rgbt<0,1,1,0.5>`
`        scale 1.5`
`        rotate <0,0,45>`
`    }`
`}`
	物体
	　直方体
	　パターン
	　倍率
	　回転

`object{`
`    plane{ <0,1,0>, -5}`
`    pigment{checker color rgb<0.1,0.1,0.1>, color Black}`
`}`
	物体
	　面
	　パターン

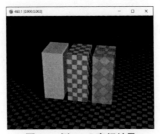

図4.3　例4.3の実行結果

（2）レンガ模様

例4.4のソースコードはレンガ模様の直方体を描画するものです。

例4.4　3個の直方体の描画

コード	意味
`#include "colors.inc"`	カラー定数の使用

`//------------ camera -------------`
`camera{`
`    location <10,25,-50>`
`    look_at <0,0,0>`
`    angle 30`
`}}`
	カメラ
	置き場所
	視点
	角度

`//------------ light -------------` `light_source{ < 10, 10, -15> color White }`	光源 位置・カラー（白）

`object{`
`    box{<-2,-5,-3>, <2,5,3>}`
`    pigment{`
`        brick color White, color Red`
`        scale 1`
`    }`
`}`
	物体
	直方体
	パターン
	倍率

`object{`
`    box{<-7,-5,-3>, <-3,5,3>}`
`    pigment{`
`        brick color White, color Red`
`        scale 0.5`
`    }`
`}`
	物体
	直方体
	パターン
	倍率

`object{`
`    box{<3,-5,-3>, <7,5,3>}`
`    pigment{`
`        brick color White, color Red`
`        scale 0.25`
`        rotate <0,0,45>`
`    }`
`}`
	物体
	直方体
	パターン
	倍率
	回転

`object{`
`    plane{ <0,1,0>, -5}`
`    pigment{checker color rgb<0.1,0.1,0.1>, color Black}`
`}`
	物体
	面
	パターン

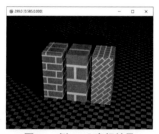

図4.4　例4.4の実行結果

（3）六角形模様

例4.5のソースコードは六角形模様の直方体を描画するものです。

例4.5　3個の直方体の描画

コード	意味
`#include "colors.inc"`	カラー定数の使用

`//------------ camera -------------`
`camera{`
`    location <10,25,-50>`
`    look_at <0,0,0>`
`    angle 30`
`}}`
	カメラ
	置き場所
	視点
	角度

`//------------ light -------------` `light_source{ < 10, 10, -15> color White }`	光源 位置・カラー（白）

`object{`
`    box{<-2,-5,-3>, <2,5,3>}`
`    pigment{`
`        hexagon color Magenta color Yellow, color Cyan`
`        scale 1`
`    }`
`}`
	物体
	直方体
	パターン
	倍率

`object{`
`    box{<-7,-5,-3>, <-3,5,3>}`
`    pigment{`
`        hexagon color Pink color Green, color Red`
`        scale 0.5`
`        rotate <45,0,45>`
`    }`
`}`
	物体
	直方体
	パターン
	倍率
	回転

`object{`
`    box{<3,-5,-3>, <7,5,3>}`
`    pigment{`
`        hexagon color rgb<1,1,1>, color rgbt<1,0,0,0.5>, color`
`rgb<0,0,0>`
`        scale 0.75`
`    }`
`}`
	物体
	直方体
	パターン
	倍率

`object{`
`    plane{ <0,1,0>, -5}`
`    pigment{checker color rgb<0.1,0.1,0.1>, color Black}`
`}`
	物体
	面
	パターン

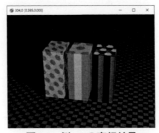

図4.5　例4.5の実行結果

4.3節の練習問題

練習4.3.1

レンガ模様の壁（コの字型）とチェッカー模様の無限平面を描画しましょう。

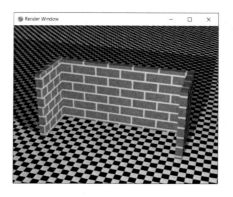

練習4.3.2

球と円柱を組み合わせて、チェッカー模様の列車と六角形模様の煙を描画しましょう（表紙参照）。

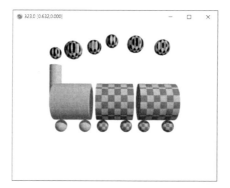

練習4.3.3

さまざまなパターンを使って自由に描画してみましょう。

4.4　さまざまなパターン

前節の3つ以外にも、パターン（模様）があります。例4.6のソースコードは「めのう」（agate）模様の直方体を描画するものです。pigmentでパターンの種類を指定します。

例4.6　めのう模様の直方体の描画

コード	意味
`#include "colors.inc"`	カラー定数の使用
```//------------ camera -------------` `camera{` ` location <10,25,-50>` ` look_at <0,0,0>` ` angle 30` `}```	カメラ 　置き場所 　視点 　角度
```//------------ light -------------` `light_source{ < 10, 10, -15> color White }```	光源 　位置・カラー（白）
```object{` ` box{<-2,-5,-3>, <2,5,3>}` ` pigment{` ` agate` ` scale 1` ` }` `}```	物体 　直方体 　パターン 　倍率
```object{` ` box{<-7,-5,-3>, <-3,5,3>}` ` pigment{` ` agate` ` scale 0.5` ` }` `}```	物体 　直方体 　パターン 　倍率
```object{` ` box{<3,-5,-3>, <7,5,3>}` ` pigment{` ` agate` ` scale 2` ` }` `}```	物体 　直方体 　パターン 　倍率
```object{` ` plane{ <0,1,0>, -5}` ` pigment{checker color rgb<0.1,0.1,0.1>, color Black}` `}```	物体 　面 　パターン

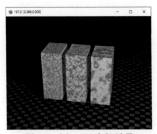

図4.6　例4.6の実行結果

例4.7のソースコードは「みかげ石」（granite）模様の直方体を描画するものです。

例4.7　みかげ石模様の直方体の描画

コード	意味
`#include "colors.inc"`	カラー定数の使用

`//------------ camera -------------`
`camera{`
`    location <10,25,-50>`
`    look_at <0,0,0>`
`    angle 30`
`}`
	カメラ
	　置き場所
	　視点
	　角度

`//------------ light -------------` `light_source{ < 10, 10, -15> color White }`	光源 　位置・カラー（白）

`object{`
`    box{<-2,-5,-3>, <2,5,3>}`
`    pigment{`
`        granite`
`        scale 1`
`    }`
`}`
	物体
	　直方体
	　パターン
	　倍率

`object{`
`    box{<-7,-5,-3>, <-3,5,3>}`
`    pigment{`
`        granite`
`        scale 0.5`
`    }`
`}`
	物体
	　直方体
	　パターン
	　倍率

`object{`
`    box{<3,-5,-3>, <7,5,3>}`
`    pigment{`
`        granite`
`        scale 2`
`    }`
`}`
	物体
	　直方体
	　パターン
	　倍率

`object{`
`    plane{ <0,1,0>, -5}`
`    pigment{checker color rgb<0.1,0.1,0.1>, color Black}`
`}`
	物体
	　面
	　パターン

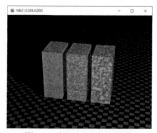

図4.7　例4.7の実行結果

めのうやみかげ石の他にも、次のようなパターンがあります（図4.8）。

バンプ（bumps）	ひび（crackle）	くぼみ（dents）	豹（leopard）	大理石（marble）
玉ねぎ（onion）	地層（planar）	キルト（quilted）	波紋（ripples）	斑点（spotted）
波（waves）	年輪（wood）	しわ（wrinkles）	ます目（cells）	放射（radial）

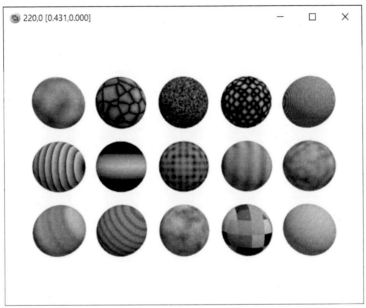

図4.8　パターンの例（表紙参照）

4.4節の練習問題

練習4.4.1

　トーラスと球を描画しましょう。パターンは、球はめのう、トーラスはくぼみ、面は放射としましょう（表紙参照）。

練習4.4.2

　図4.8のようなパターンの見本を作成しましょう。物体の形は、円柱か直方体とします。

練習4.4.3

　球（荷物）を運ぶ汽車を描画しましょう。物体のパターンは自由に指定します。

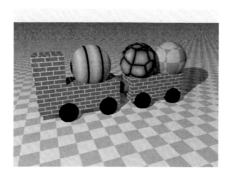

練習4.4.4

　さまざまなパターンを使って、自由に描画してみましょう。

第**5**章

物体のテクスチャと
マテリアル

　木、石、金属などの材質やガラスの素材を貼り付
けることで、よりリアルな物体の表現ができます。
この章では、物体のテクスチャとマテリアルについ
て学習します。

5.1　テクスチャマッピング

　物体に、石や木など何らかの質感を持つ模様を貼り付けることができます。これをテクスチャマッピングといいます。テクスチャは地肌、織り目という意味があります。

　テクスチャマッピングの指定は、次のようにtextureというキーワードを使って中カッコの中に記述します。

```
texture{ 素材名 }
```

（1）木のテクスチャ

　木のテクスチャの素材には表5.1のような定数があります。

表5.1　木のテクスチャ

定数
（以下、woods.inc をインクルード）
T_Wood1 ～ T_Wood35
（以下、textures.inc をインクルード）
Cherry_Wood
Pine_Wood
Dark_Wood
Tan_Wood
White_Wood
Tom_Wood
DMFWood1 ～ DMFWood6
DMFLightOak
DMFDarkOak
EMBWood1
Yellow_Pine
Rosewood
Sandalwood

　これらのテクスチャを用いるには、以下のようにファイルをインクルードします。

```
#include "woods.inc"
#include "textures.inc"
```

　例5.1のソースコードは木の模様を円柱に貼り付けています。

例5.1　木のテクスチャを持つ円柱の描画

コード	意味

```#include "colors.inc"```
```#include "woods.inc"```
```#include "textures.inc"```
	カラー定数の使用
	木のテクスチャの使用
	テクスチャの使用

```//------------ camera -------------```
```camera{```
```   location<0,10,-15>```
```   look_at<0,0,0>```
```   angle 60```
```}```
	カメラ
	置き場所
	視点
	角度

```//------------ light -------------``` ```light_source{<0,20,-40> color White}```	光源 位置・カラー（白）

```object{```
```   cylinder{<-5,0,0>, <-5,5,0>, 2}```
```   texture{T_Wood1}```
```}```
	物体
	円柱
	テクスチャ（木）

```object{```
```   cylinder{<0,0,0>, <0,5,0>, 2}```
```   texture {Rosewood}```
```}```
	物体
	円柱
	テクスチャ（木）

```object{```
```   cylinder{<5,0,0>, <5,5,0>, 2}```
```   texture { Yellow_Pine }```
```}```
	物体
	円柱
	テクスチャ（木）

```object{```
```   plane {```
```   <0,1,0>,-10```
```   pigment{checker color Black color White}```
```   }```
```}```
	物体
	面
	パターン

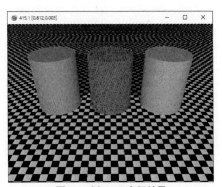

図5.1　例5.1の実行結果

（2）石のテクスチャ

石のテクスチャの素材には表5.2のような定数があります。

表5.2　石のテクスチャ

定数
（以下、Stones.inc をインクルード）
T_Grnt0 ～ T_Grnt29
T_Grnt1a ～ T_Grnt24a
T_Stone1 ～ T_Stone24
（以下、textures.inc をインクルード）
Jade
Red_Marble
White_Marble
Blood_Marble
Blue_Agate
Sapphire_Agate
Brown_Agate
Pink_Granite
PinkAlabaster

これらのテクスチャを用いるには、以下のようにファイルをインクルードします。

```
#include "stones.inc"
#include "textures.inc"
```

例5.2のソースコードは石の模様を円柱に貼り付けています。

例5.2 石のテクスチャを持つ円柱の描画

コード	意味

```#include "colors.inc"```
```#include "stones.inc"```
```#include "textures.inc"```
	カラー定数の使用
	石のテクスチャの使用
	テクスチャの使用

```//----------- camera -------------```
```camera{```
```   location<0,10,-15>```
```   look_at<0,0,0>```
```   angle 60```
```}```
	カメラ
	 置き場所
	 視点
	 角度

```//----------- light -------------``` ```light_source{<0,20,-40> color White}```	光源 位置・カラー（白）

```object{```
```   cylinder{<-5,0,0>, <-5,5,0>, 2}```
```   texture{T_Stone1}```
```}```
	物体
	 円柱
	 テクスチャ（石）

```object{```
```   cylinder{<0,0,0>, <0,5,0>, 2}```
```   texture {Jade}```
```}```
	物体
	 円柱
	 テクスチャ（石）

```object{```
```   cylinder{<5,0,0>, <5,5,0>, 2}```
```   texture { Brown_Agate }```
```}```
	物体
	 円柱
	 テクスチャ（石）

```object{```
```   plane {```
```   <0,1,0>,-10```
```   pigment{checker color Black color White}```
```   }```
```}```
	物体
	 面
	 パターン

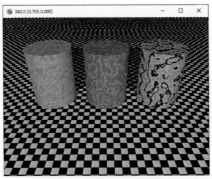

図5.2 例5.2の実行結果

（3）金属のテクスチャ

金属のテクスチャの素材には表5.3のような定数があります。

表5.3　金属のテクスチャ

定数
（以下、metals.inc をインクルード）
T_Gold_1A 〜 T_Gold_5E
T_Silver_1A 〜 T_Silver_5E
T_Copper_1A 〜 T_Copper_5E
T_Brass_1A 〜 T_Brass_5E
T_Chrome_1A 〜 T_Chrome_5E
（以下、textures.inc をインクルード）
Metal
SilverFinish
Metallic_Finish
Chrome_Metal, Brass_Metal, Bronze_Metal, Gold_Metal, Silver_Metal, Copper_Metal
Polished_Chrome
Polished_Brass
New_Brass
Spun_Brass
Brushed_Aluminum
Silver1〜Silver3
Brass_Valley
Rust
Rusty_Iron
Soft_Silver
New_Penny
Tinny_Brass
Gold_Nugget
Aluminum
Bright_Bronze

これらのテクスチャを用いるには、以下のようにファイルをインクルードします。

```
#include "metals.inc"
#include "textures.inc"
```

例5.3のソースコードは金属の模様を円柱に貼り付けています。

例5.3　金属のテクスチャを持つ円柱の描画

コード	意味
#include "colors.inc" #include "metals.inc" #include "textures.inc"	カラー定数の使用 金属のテクスチャの使用 テクスチャの使用

//------------ camera -------------
camera{
    location<0,10,-15>
    look_at<0,0,0>
    angle 60
}
	カメラ
	置き場所
	視点
	角度

//------------ light ------------- light_source{<0,20,-40> color White}	光源 位置・カラー（白）

object{
    cylinder{<-5,0,0>, <-5,5,0>, 2}
    texture{T_Gold_1A}
}
	物体
	円柱
	テクスチャ（金属）

object{
    cylinder{<0,0,0>, <0,5,0>, 2}
    texture {Rust}
}
	物体
	円柱
	テクスチャ（金属）

object{
    cylinder{<5,0,0>, <5,5,0>, 2}
    texture {T_Chrome_1E}
}
	物体
	円柱
	テクスチャ（金属）

object{
    plane {
        <0,1,0>,-10
        pigment{checker color Black color White}
    }
}
	物体
	面
	パターン

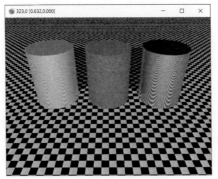

図5.3　例5.3の実行結果

（4）その他のテクスチャ

石や金属以外にも、表5.4のようなテクスチャがあります。

表5.4　その他のテクスチャ

定数
（以下、textures.inc をインクルード）
Candy_Cane
Peel
Y_Gradient
X_Gradient
Cork
Lightning1, Lightning2
Starfield

5.1節の練習問題

練習5.1.1

コーヒー缶のような形状を、金属の質感で描画しましょう。

練習5.1.2

9ボール（ビリヤード）のキュー、ボール、テーブルを描画しましょう。キューは木の質感にします（表紙参照）。

練習5.1.3

テクスチャ（石）の見本を作成しましょう。物体の形は直方体とします。

【例】Stone1〜Stone15の質感で、直方体を3×5個並べる。

練習5.1.4

「いかだ」を作成しましょう。

【例】木の質感の円柱を並べて配置する。帆を立てる。

練習5.1.5

さまざまなテクスチャを使って、自由に描画してみましょう。

5.2　ガラスのマテリアル

ガラスのマテリアル（素材）の指定は、次のようにmaterialというキーワードを使って中カッコの中に記述します。

```
material{ 素材名 }
```

ガラスのマテリアルには表5.5のような定数があります。

表5.5　ガラスのマテリアル

定数
M_Glass, M_Glass2, M_Glass3
M_Green_Glass
M_Ruby_Glass
M_Dark_Green_Glass
M_Yellow_Glass
M_Orange_Glass
M_Vicks_Bottle_Glass

これらのマテリアルを用いるには、以下のようにファイルをインクルードします。

```
#include "textures.inc"
```

例5.4のソースコードは球のマテリアルをガラスにしています。

例5.4　ガラスのマテリアルを持つ球の描画

コード	意味
```#include "colors.inc"``` ```#include "textures.inc"```	カラー定数の使用 テクスチャの使用

```//------------ camera -------------```
```camera{```
```   location <0,1,-15>```
```   look_at <0,0,0>```
```   angle 30```
```}```
	カメラ
	　置き場所
	　視点
	　角度

```//------------ light -------------``` ```light_source{ < 0, 10, 0> color White }```	光源 　位置・カラー（白）

```object{```
```   sphere{ <0, 0, 0>, 1}```
```   material{M_Glass}```
```}```
	物体
	　球
	　マテリアル（ガラス）

```object{```
```   sphere{ <3, 0, 0>, 1}```
```   material{M_Glass2}```
```}```
	物体
	　球
	　マテリアル（ガラス）

```object{```
```   sphere{ <-3, 0, 0>, 1}```
```   material{M_Glass3}```
```}```
	物体
	　球
	　マテリアル（ガラス）

```object{```
```   plane{ <0, 1, 0>, -2}```
```   pigment{checker color Green color Red}```
```}```
	物体
	　面
	　パターン

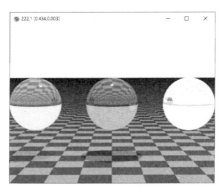

図5.4　例5.4の実行結果

　ガラスは、屈折率を変更することができます。屈折率は次のようにinteriorで指定し、0〜1の値で設定します。

```
interior{ ior 屈折率 }
```

　屈折率が0の場合、鏡のような全反射の表面となります。屈折率が1の場合、物体は透明になります（水は1.33、ガラスは1.5）。例5.5のソースコードは、屈折率の異なる3個の球を描画しています。

例5.5　屈折率の異なるガラスのマテリアルを持つ球の描画

コード	意味
```#include "colors.inc"``` ```#include "textures.inc"```	カラー定数の使用 テクスチャの使用

```//------------ camera -------------```
```camera{```
```   location <0,1,-15>```
```   look_at <0,0,0>```
```   angle 30```
```}```
	カメラ
	　置き場所
	　視点
	　角度

```//------------ light -------------``` ```light_source{ < 0, 10, 0> color White }```	光源 　位置・カラー（白）

```object{```
```   sphere{ <-3, 0, 0>, 1}```
```   material{M_Glass}```
```   interior{ior 1}```
```}```
	物体
	　球
	　マテリアル（ガラス）
	　屈折率

```object{```
```   sphere{ <0, 0, 0>, 1}```
```   material{M_Glass}```
```   interior{ior 1.2}```
```}```
	物体
	　球
	　マテリアル（ガラス）
	　屈折率

```object{```
```   sphere{ <3, 0, 0>, 1}```
```   material{M_Glass}```
```   interior{ior 0.1}```
```}```
	物体
	　球
	　マテリアル（ガラス）
	　屈折率

```object{```
```plane {```
```   <0,1,0>,-10```
```   pigment{checker color Blue color Orange}```
```}```
	物体
	　面
	　パターン

図5.5　例5.5の実行結果

5.2節の練習問題

練習5.2.1

　ガラスの円錐台と円柱を組み合わせ、次の物体を描画しましょう。

練習5.2.2

　表5.5にあるマテリアル（ガラス）の見本を作成しましょう。物体の形は球とします。
【例】マテリアルの異なる球を3×3個並べる。

練習5.2.3

　ガラスを使って、自由に描画してみましょう。

5.3　表面の凹凸

　物体の質感にはさまざまなものがありますが、表面の凹凸も表現することができます。次のようにnormalというキーワードを使って中カッコの中に、質感と凹凸の値を記述します。normalは法線という意味で、すなわちここで指定するのは垂直方向の凹凸ということになります。

```
normal{ 質感名  凹凸の値}
```

　質感は、表5.6のようなものがあります。また、凹凸の値が大きくなるほど凹凸が深くなります。

表5.6　凹凸の質感

定数
めのう（agate）　みかげ石（granite）
バンプ（bumps）　ひび（crackle）　くぼみ（dents）　豹（leopard）　大理石（marble）
玉ねぎ(onion)　地層（planar）　キルト（quilted）　波紋（ripples）　斑点（spotted）
波（waves）　年輪（wood）　しわ（wrinkles）　ます目（cells）　放射（radial）

　例5.6のソースコードはめのうの球の表面に凹凸をつけています。中央の球と比べ、左の球は凹凸が浅く（値=0.5）、右の球は凹凸が深く（値=2）なっています。

例5.6　表面に凹凸を持つ球の描画

コード	意味
`#include "colors.inc"`	カラー定数の使用

```//------------ camera -------------```
`camera{`
`    location <0,10,-35>`
`    look_at <0,0,0>`
`    angle 30`
`}`
	カメラ
	置き場所
	視点
	角度

```//------------ light -------------``` `light_source{ < 15, 15, -10> color White }`	光源 位置・カラー（白）

`object{`
`    sphere{ <0, 0, 0>, 2}`
`    pigment{ Red }`
`    normal{ agate 1}`
`}`
	物体
	球
	カラー
	凹凸

`object{`
`    sphere{ <-5, 0, 0>, 2}`
`    pigment{ Red }`
`    normal{ agate 0.5}`
`}`
	物体
	球
	カラー
	凹凸

`object{`
`    sphere{ <5, 0, 0>, 2}`
`    pigment{ Red }`
`    normal{ agate 2}`
 	
`}`
	物体
	球
	カラー
	凹凸

`background{White}`	背景 カラー（白）

図5.6　例5.6の実行結果

　凹凸模様の大きさをscaleで指定することができます。例5.7のソースコードは球の表面に凹凸（crackle 3）をつけています。中央の球と比べ、左の球は模様が細かく（値=0.5）、右の球は模様が大きく（値=2）なっています。

例5.7　表面に凹凸を持つ球の描画

コード	意味
`#include "colors.inc"`	カラー定数の使用

```//------------ camera -------------```
 `camera{`
 `    location <0,10,-35>`
 `    look_at <0,0,0>`
 `    angle 30`
 `}`
	カメラ
	 　置き場所
	 　視点
	 　角度

```//------------ light -------------``` `light_source{ < 15, 15, -10> color White }`	光源 　位置・カラー（白）

`object{`
 `    sphere{ <0, 0, 0>, 2}`
 `    pigment{ Green }`
 `    normal{ crackle 3}`
 `}`
	物体
	 　球
	 　カラー
	 　凹凸

`object{`
 `    sphere{ <-5, 0, 0>, 2}`
 `    pigment{ Green }`
 `    normal{`
 `        crackle 3`
 `        scale 0.5`
 `    }`
 `}`
	物体
	 　球
	 　カラー
	 　凹凸

`object{`
 `    sphere{ <5, 0, 0>, 2}`
 `    pigment{ Green }`
 `    normal{`
 `        crackle 3`
 `        scale 2`
 `    }`
 `}`
	物体
	 　球
	 　カラー
	 　凹凸

`background{White}`	背景 　カラー（白）

図5.7 例5.7の実行結果

5.3節の練習問題

練習5.3.1

素材の凹凸を配慮し、テーブルを描画しましょう。テーブルの形や足の数は任意とします。

練習5.3.2

表5.6の素材の見本を作りましょう。物体は直方体とします。

【例】5種類の素材を取り上げ、凹凸の深さを何段階か変化させる。

練習5.3.3

物体表面に凹凸をつけて自由に描画してみましょう。

第**6**章

照明

物体は照明の当てかたでイメージが変わります。また、照明によって影を落とすことができます。この章では、さまざまな光源の作り方について学習します。

6.1　点光源

　点光源は、照射する位置を中心として、放射状に均等な光を当てます。点光源は`light_source`というキーワードを使って中カッコの中に、次のように記述します。

```
light_source{ 照射位置< x,y,z> color 色 }
```

　例6.1のソースコードは白い点光源の例です。面上に物体の影が落ちています。

例6.1　白い点光源

コード	意味
`#include "colors.inc"`	カラー定数の使用

`//------------ camera -------------`
`camera{`
`    location <0,5,-30>`
`    look_at <0,0,0>`
`    angle 30`
`}`
	カメラ
	　置き場所
	　視点
	　角度

`//------------ light -------------` `light_source{ < 0, 10, 0> color White }`	光源 　位置・カラー（白）

`object{`
`    cone{<-2,0,0>, 0, <2,0,0> ,2}`
`    pigment{color Red}`
`}`
	物体
	　円錐
	　カラー

`object{`
`    plane{ <0,1,0>, -4}`
`    pigment{color rgb<0.8, 0.8, 0.8>}`
`}`
	物体2
	　面
	　パターン

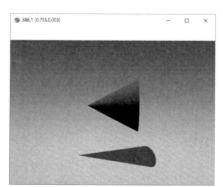

図6.1　例6.1の実行結果

　点光源は、強度を変更することができます。例えば、次のように`White*3`とすることにより、光の強さを3倍にすることができます。実行すると、明るさが変わることがわかります。

```
light_source{ < 0, 10, 0> color White * 3 }
```

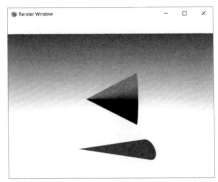

図6.2　例6.1の実行結果（点光源の強度変更）

また、色の後にshadowlessというキーワードをつけることにより、影を非表示にできます。実行すると影が消えていることがわかります。

```
light_source{ < 0, 10, 0> color White  shadowless }
```

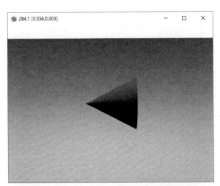

図6.3　例6.1の実行結果（影を非表示）

さらに、複数の点光源を配置することもできます。例6.2のソースコードは、2個の点光源（白と緑）を配置した例です。影が2か所に表示されています。

例6.2　白と緑の点光源

コード	意味
`#include "colors.inc"` `#include "textures.inc"`	カラー定数の使用 テクスチャの使用

`//------------ camera -------------`
`camera{`
`    location <0,5,-30>`
`    look_at <0,0,0>`
`    angle 30`
`}`
	カメラ
	　置き場所
	　視点
	　角度

`//------------ light -------------`
`light_source{ < -5, 10, 0> color White }`
 	
`light_source{ < 5, 10, 0> color Green }`
	光源
	　位置・カラー（白）
	　位置・カラー（緑）

```
object{
    cone{<-2,0,0>, 0, <2,0,0> ,2}
    material{M_Ruby_Glass}
}
```

物体
円錐
マテリアル（ガラス）

```
object{
    plane{ <0,1,0>, -4}
    pigment{color rgb<0.8, 0.8, 0.8>}
}
```

物体2
面
カラー

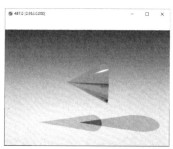

図6.4　例6.2の実行結果

6.2　面光源

　面光源は点光源を連続的に配置したものです。次のように記述します。

```
light_source{
    照射位置< x, y, z> color 色
    area_light
    面光源を配置する長方形の対角座標 <x1,y1,z1>, <x2,y2,z2>
    並べる光源の縦と横の個数l, c
    jitter (点光源の位置をランダムに変えて、影を自然に描画する)
    circular (点光源の配置を長方形から円・楕円に変形する)
}
```

　例6.3のソースコードは、25個の点光源からなる面光源の例です。点光源と異なり、影がぼかされたようになります。

例6.3　面光源（5×5個の点光源）

コード	意味
#include "colors.inc" #include "textures.inc"	カラー定数の使用 テクスチャの使用

```//----------- camera -------------```
```camera{```
```   location <0,5,-30>```
```   look_at <0,0,0>```
```   angle 30```
```}```
	カメラ
	　置き場所
	　視点
	　角度

```//----------- light -------------```
```light_source{```
```   < 0, 10, 0> color White```
```   area_light```
```   <-5,10,-5>, <5,10,5>```
```   5,5```
```   jitter```
```}```
	光源
	　位置・カラー（白）
	　面光源
	
	　5×5個配置

```object{```
```   cone{<-2,0,0>, 0, <2,0,0> ,2}```
```   material{M_Ruby_Glass}```
```}```
	物体
	　円錐
	　マテリアル（ガラス）

```object{```
```   plane{ <0,1,0>, -4}```
```   pigment{color rgb<0.5, 0.5, 0.5>}```
```}```
	物体2
	　面
	　カラー

図6.5　例6.3の実行結果

6.3　スポットライト

　スポットライトを使うと、照射ポイントを指定して部分的に光を当てることができます。スポットライトは次のように記述します。

```
light_source{ 光源の位置<x, y, z> color 色
    spotlight
    point_at <x0, y0, z0>
    radius θr
    falloff θf
    tightness  t
}
```

　ここで、`point at`は照射ポイント、`radius` θrは照射される範囲（角度）、`falloff` θfは減衰する範囲（角度）、`tightness`は明るさの減衰または輪郭の鋭さのパラメータ（$1 \leqq t \leqq 100$）です。

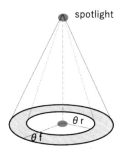

　スポットライトは円錐形に収束する照明ということができます。例6.4のソースコードは、照射される範囲が半径10度、減衰する範囲が半径45度のスポットライトです。

例6.4　スポットライト

コード	意味
`#include "colors.inc"`	カラー定数の使用

`//------------ camera -------------`
`camera{`
`    location <0,5,-30>`
`    look_at <0,0,0>`
`    angle 30`
`}`
	カメラ
	　置き場所
	　視点
	　角度

`//------------ light -------------`
`light_source{<0,10,0> color White`
`    spotlight`
`    point_at <0,0,0>`
`    radius 10`
`    falloff 45`
`}`
	光源
	　スポットライト
	　照射ポイント
	　強調範囲
	　照射範囲

`object{`
`    sphere{<0,1,0>, 2}`
`    pigment{Red}`
`}`
 	
`object{`
`    sphere{<-2,0,-2>, 2}`
`    pigment{Green}`
`}`
 	
`object{`
`    sphere{<2,2,2>, 2}`
`    pigment{Orange}`
`}`
	物体
	　球
	　カラー
	
	物体
	　球
	　カラー
	
	物体
	　球
	　カラー

`object{`
`    plane{ <0,1,0>, 0}`
`    pigment{checker color White, color Black}`
`}`
	物体
	　面
	　パターン

図6.6 例6.4の実行結果（表紙参照）

上のソースコードで、spotlightをcylinderに変更すると、「円柱光」、すなわち円柱形に収束する照明になります。

第6章の練習問題

練習6.1

トーラスを2個組み合わせて次の図形を描画し、スポットライトで照らしましょう。

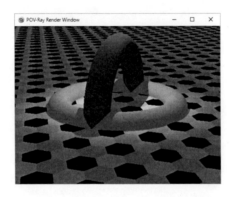

練習6.2

ガラスのマテリアルの円錐4個と球1個を組み合わせて次の図形を描画し、スポットライトで照らしましょう。

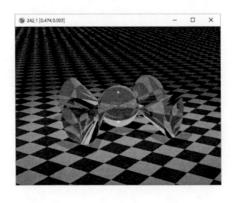

練習6.3

椅子とテーブルを描画し、上からスポットライトで照らすCGを描画してみましょう。

練習6.4

光源を工夫して、自由に描画してみましょう。

第7章

背景

この章では、背景の描画方法を学習します。背景
はすべての物体の背後に描画される景色です。単色
の他、青空や星空を描画することができます。

7.1　背景色

　背景の色を指定するには、backgroundというキーワードを使って中カッコの中に、次のように記述します。色はカラー定数もしくはrgbで指定します。

```
background{ color カラー定数 }
background{ rgb <r, g, b> }
```

　例7.1のソースコードは背景色をGrayに指定した例です。

例7.1　背景色の設定

コード	意味
`#include "colors.inc"`	カラー定数の使用

`//------------ camera -------------`
`camera{`
`    location <0,5,20>`
`    look_at <0,0,0>`
`    angle 30`
`}`
	カメラ
	　置き場所
	　視点
	　角度

`//------------ light -------------` `light_source{<10,15,10> color White}`	光源 　位置・カラー（白）

`object{`
`    cone{ <0, 0, 0>, 2, <0,2,0>,0}`
`    pigment{color Green}`
`}`
	物体
	　円錐
	　カラー

`background{color Gray}`	背景

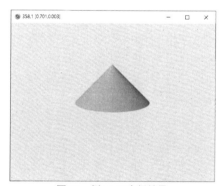

図7.1　例7.1の実行結果

7.2　空の背景

空の背景は sky_sphere というキーワードを使って中カッコの中に、次のように指定します。

```
sky_sphere{ 背景 }
```

次のインクルードファイルが必要です。

```
#include "skies.inc"
```

背景は S_Cloud1～S_Cloud5 を指定します。例7.2のソースコードは、空の背景に S_Cloud5 を指定した例です。

例7.2　空の背景

コード	意味
`#include "colors.inc"` `#include "skies.inc"`	カラー定数の使用 空の背景の使用

`//------------ camera -------------`
`camera{`
`    location <0,0,10>`
`    look_at <0,0,0>`
`    angle 30`
`}`
	カメラ
	　置き場所
	　視点
	　角度

`//------------ light -------------` `light_source{<10,15,10> color White}`	光源 　位置・カラー（白）

`object{`
`    plane{ <0, 1, 0>, -4}`
`    pigment{checker color Black color White}`
`}`
	物体
	　面
	　パターン

`sky_sphere{S_Cloud5}`	背景 　空

図7.2　例7.2の実行結果

7.3　星空

　星空は、非常に大きな天球を描き、内側に星空の模様を描くことで表現します。プラネタリウムを見ている状況と考えればよいでしょう。天球は次のように作成します。

```
object{
    sphere{<0,0,0>,1
        scale 倍率
        texture{Starfield1}
    }
}
```

　次のインクルードファイルが必要です。

```
#include "stars.inc"
```

　球の倍率を描画する物体に対して十分大きくすることによって、星空が無限に遠くにあるようなイメージを表現します。例えば、1000〜10000倍のような値です。模様は Starfield1〜Starfield6 を指定します。例7.3のソースコードは、10000倍の天球の内側に、Starfield1 の星空を貼り付けた例です。

例7.3　星空の背景

コード	意味
#include "colors.inc" #include "stars.inc"	カラー定数の使用 星空の背景の使用

//----------- camera -------------
camera{
   location <0,0,10>
   look_at <0,0,0>
   angle 30
}
	カメラ
	置き場所
	視点
	角度

//----------- light ------------- light_source{<0,15,10> color White}	光源 位置・カラー（白）

object{
   sphere{<0,0,0>,1
     scale 10000
     texture{Starfield1}
   }
}
	物体
	球
	倍率
	テクスチャ（星空）

object{
   plane{ <0, 1, 0>, -2}
   pigment{checker color Orange color White}
}
	物体
	面
	パターン

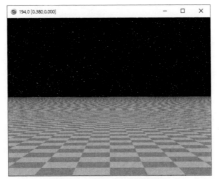

図7.3　例7.3の実行結果

第7章の練習問題

練習7.1

ガラスの球を3個描画し、背景を空にしましょう。

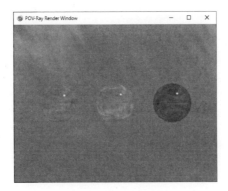

練習7.2

めのうの球を3個描画し、背景を星空にしましょう。

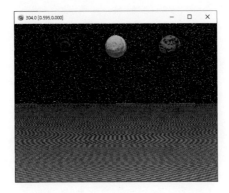

練習7.3

背景を工夫して、自由に描画してみましょう。

第8章

物体同士の演算

POV-Rayでは、物体同士を論理的に演算して組み合わせることができます。これを空間領域構成法（CSG：Constructive Solid Geometry）といいます。CSGには、結合、差、交差、併合の4通りの演算があります。

8.1　結合（union）

　結合は複数の物体を1つに結合する演算で、unionというキーワードを使って中カッコの中に、次のように記述します。結合された物体は1つの物体として扱うことができます。

```
union {
    物体1
    物体2
    ......
    物体n
}
```

　例8.1のソースコードは円錐台と直方体を結合した例です。

例8.1　円錐台と直方体の結合

コード	意味
`#include "colors.inc"`	カラー定数の使用

`//------------ camera -------------`
`camera{`
`    location <10,5,-15>`
`    look_at <0,0,0>`
`    angle 30`
`}`
	カメラ
	　置き場所
	　視点
	　角度

`//------------ light -------------` `light_source{<15,15,0> color White}`	光源 　位置・カラー（白）

`union{`
`    object{`
`        cone{ <0, -1, 0>, 1.5, <0, 1, 0>, 1}`
`        pigment{rgbt<1,0,0>}`
`    }`
 	
`    object{`
`        box{ <-1, -1, -1>, <1, 1, 1>}`
`        pigment{rgbt<1,1,0, 0.4>}`
`        rotate <45,0,0>`
`    }`
`}`
	結合
	物体1
	　円錐台
	　カラー
	
	物体2
	　直方体
	　カラー
	　回転

`background{White}`	背景

図8.1　例8.1の実行結果

8.2　差（difference）

　差は、最初に描画された1つの物体から、別の物体の重なる部分を取り除く演算で、difference というキーワードを使って中カッコの中に、次のように記述します（物体1から物体2以降の重なる部分を取り除きます）。差の演算をされた物体は1つの物体として扱うことができます。

```
difference {
    物体1
    物体2
    ......
    物体n
}
```

　例8.2のソースコードは、円柱から球と重なる部分を取り除いた例です。

例8.2　円柱と球の差

コード	意味
`#include "colors.inc"`	カラー定数の使用

`//------------ camera -------------`
`camera{`
`    location <0,5,-15>`
`    look_at <0,0,0>`
`    angle 30`
`}`
	カメラ
	　置き場所
	　視点
	　角度

`//------------ light ------------` `light_source{<0,20,0> color White}`	光源 　位置・カラー（白）

`difference{`
`    object{`
`        cylinder{ <0, -2, 0>, <0, 0, 0>, 2>`
`        pigment{Green}`
`    }`
 	
`    object{`
`        sphere{ <0,0,0>,1.5}`
`        pigment{Green}`
`    }`
`}`
	差
	物体1
	　円柱
	　カラー
	
	物体2
	　球
	　カラー

`background{White}`	背景

図8.2　例8.2の実行結果

8.3　交差（intersection）

　交差は、複数の物体の重なり合う部分のみを残す演算で、intersectionというキーワードを使って中カッコの中に、次のように記述します。交差の演算で描画された物体は、1つの物体として扱うことができます。

```
intersection {
    物体1
    物体2
    ……
    物体n
}
```

　例8.3のソースコードは、円柱と直方体について交差の演算を行い、重なる部分を残した例です。

例8.3　円柱と直方体の交差

コード	意味
#include "colors.inc"	カラー定数の使用

//------------ camera -------------
camera{
　　location <10,10,-15>
　　look_at <0,0,0>
　　angle 30
}
	カメラ
	　置き場所
	　視点
	　角度

//------------ light ------------ light_source{<15,15,0> color White}	光源 　位置・カラー（白）

intersection{
　　object{
　　　　cylinder{ <0, -1, 0>, <0, 1, 0>, 1}
　　　　pigment{Red}
　　}
 	
　　object{
　　　　box{ <-1, -1, 0>, <1, 1, 1>}
　　　　pigment{Red}
　　}
}
	交差
	物体1
	　円柱
	　カラー
	
	物体2
	　直方体
	　カラー

background{White}	背景

図8.3　例8.3の実行結果

8.4 併合 (merge)

　併合は、複数の物体の外側（輪郭）を結合する演算で、mergeというキーワードを使って中カッコの中に、次のように記述します。併合の演算で描画された物体は、1つの物体として扱うことができます。

```
merge {
    物体1
    物体2
    ......
    物体n
}
```

　例8.4のソースコードは、円柱とガラスの球を併合した例です。

例8.4　円柱と球の併合

コード	意味
`#include "colors.inc"` `#include "textures.inc"`	カラー定数の使用 テクスチャの使用

`//------------ camera -------------`
`camera{`
`    location <5,10,-20>`
`    look_at <0,0,0>`
`    angle 30`
`}`
	カメラ
	置き場所
	視点
	角度

`//------------ light -------------` `light_source{<0,15,10> color White}`	光源 位置・カラー（白）

`merge{`
 	
`    object{`
`        cylinder{ <-4, 0, 0>, <4, 0, 0>, 1}`
`        pigment{Red}`
`    }`
 	
`    object{`
`        sphere{ <0,0,0>,2}`
`        material{M_Glass}`
`    }`
`}`
	併合
	
	物体1
	円柱
	カラー
	
	物体2
	球
	マテリアル（ガラス）

`object{`
`    plane{ <0, 1, 0>, -2}`
`    pigment{checker color Black color White}`
`}`
	物体
	面
	パターン

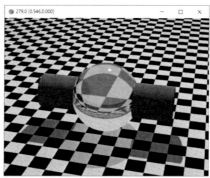

図8.4　例8.4の実行結果（表紙参照）

　例8.5のソースコードは、例8.4と同じ円柱とガラスの球を結合（union）しました。併合の場合と実行画面を比較してください。球の内部に円柱があります。併合の場合は外部の輪郭が1つになり、内部の円柱は残っていません。

例8.5　円柱と球の結合

コード	意味
`#include "colors.inc"` `#include "textures.inc"`	カラー定数の使用 テクスチャの使用

`//------------ camera -------------`
`camera{`
`    location <5,10,-20>`
`    look_at <0,0,0>`
`    angle 30`
`}`
	カメラ
	置き場所
	視点
	角度

`//------------ light -------------` `light_source{<0,15,10> color White}`	光源 位置・カラー（白）

`union{`
 	
`    object{`
`        cylinder{ <-4, 0, 0>, <4, 0, 0>, 1}`
`        pigment{Red}`
`    }`
 	
`    object{`
`        sphere{ <0,0,0>,2}`
`        material{M_Glass}`
`    }`
`}`
	結合
	
	物体1
	円柱
	カラー
	
	物体2
	球
	マテリアル（ガラス）

`object{`
`    plane{ <0, 1, 0>, -2}`
`    pigment{checker color Black color White}`
`}`
	物体
	面
	パターン

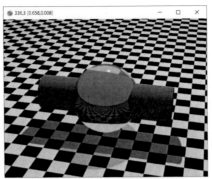
図8.5 例8.5の実行結果

第8章の練習問題

練習8.1

木製の円筒を描画しましょう（円柱と円柱の差を演算する）。

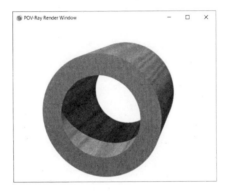

練習8.2

次のような3つの物体を描画しましょう（結合、差、交差の演算を行う）。

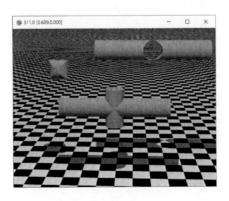

練習8.3

1/2のトーラスと球を描画しましょう（トーラスと直方体の差、球と直方体の差を演算する）。

練習8.4

木製のサイコロを描画しましょう（直方体と球の差を演算する。表紙参照）。

練習8.5

物体同士の演算を使って、自由に描画してみましょう。

第9章

処理の流れの制御

これまでのプログラムは、記述された順序で物体を描画するものでした。この章では、処理を何度も繰り返したり、条件によって処理を選択したりするという流れの制御を行います。

9.1　繰り返し

　処理を何度も繰り返す場合、#while - #endを使って簡潔に記述することができます。次のように記述し、#while - #endの間に記述された処理を、条件式が成立する間繰り返します。

```
#while( 条件式 )
    処理1
    処理2
    ……
    処理n
#end
```

　条件式とは、「i<10」のような数値の大小関係を表す式です。条件式の中で使う演算子は次のような種類があります（表9.1）。

表9.1　演算子

演算子	意味
>	左辺は右辺より大きい
<	左辺は右辺より小さい
>=	左辺は右辺以上
<=	左辺は右辺以下
=	左辺は右辺と等しい
!=	左辺は右辺と等しくない

　iのように変数を使う場合は、#declareを使ってあらかじめ宣言しておく必要があります。例9.1のソースコードは球を5個描画する例です。まず、

```
#declare i=0;
```

として、変数iを宣言し、次に、#while - #endの繰り返しを行っています。繰り返しの条件式はi<5ですので、iの値が5未満の間繰り返します。

　繰り返す処理は、sphere{<i,0,0>, 0.5 }です。中心座標が<i,0,0>の球を描画します。#declare i=i+1;という式で、iの値は繰り返すたびに1ずつ加えられますので、iは0、1、2、3、4、5と増加します。よって、描画される球の中心座標が1ずつx方向に増加します。iの値が5になると条件式により繰り返しを終了します。

例9.1　繰り返しによる球の描画

コード	意味
`#include "colors.inc"`	カラー定数の使用

`//------------ camera -------------`
`camera{`
`    location <0, 0,-30>`
`    look_at <0,0,0>`
`    angle 30`
`}`
	カメラ
	　置き場所
	　視点
	　角度

`//------------ light -------------` `light_source{<15,15,0> color White}`	光源 　位置・カラー（白）

`#declare i=0;`
 	
`#while(i<5)`
`    object{`
`        sphere{<i,0,0>, 0.5 }`
`        pigment{Red}`
`    }`
`    #declare i=i+1;`
`#end`
	i=0
	
	条件式 i<5
	　物体
	　　球
	　　カラー
	
	i を 1 ずつ増加

`background{White}`	背景

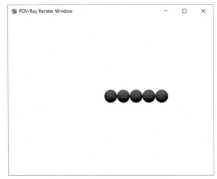

図9.1　例9.1の実行結果

例9.2のソースコードは、連続で10個の球を描画するものです。iの値を－5から1ずつ増加しながら、sphere{<i, i, 0>, 0.5 }という処理を繰り返します。x方向およびy方向の座標が1ずつ変化します。

例9.2　繰り返しによる球の描画

コード	意味
`#include "colors.inc"`	カラー定数の使用

`//------------ camera -------------`
`camera{`
`    location <0, 0,-30>`
`    look_at <0,0,0>`
`    angle 30`
`}`
	カメラ
	　置き場所
	　視点
	　角度

`//------------ light -------------` `light_source{<0,15,-10> color White}`	光源 　位置・カラー（白）

`#declare i=-5;`
 	
`#while(i<5)`
`    object{`
`        sphere{<i, i, 0>, 0.5 }`
`        pigment{Blue}`
`    }`
`    #declare i=i+1;`
`#end`
	i=-5
	
	条件式 i<5
	　物体
	　　球
	　　カラー
	
	i を1ずつ増加

`background{White}`	背景

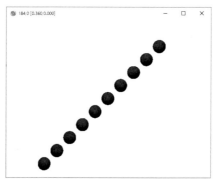

図9.2　例9.2の実行結果

例9.3のソースコードは、$y=x^2$という関数のグラフを描画するものです。iの値を−2から0.2ずつ増加しながら、sphere{<i, i*i ,0>, 0.2 }という処理を繰り返します。y方向の座標はi*iの値です。

例9.3　繰り返しによる球の描画

コード	意味
`#include "colors.inc"`	カラー定数の使用

`//------------ camera -------------`
`camera{`
`    location <0, 0,-30>`
`    look_at <0,0,0>`
`    angle 30`
`}`
	カメラ
	　置き場所
	　視点
	　角度

`//------------ light -------------` `light_source{<0,15,-10> color White}`	光源 　位置・カラー（白）

`#declare i=-2;`
 	
`#while(i<2)`
`    object{`
`        sphere{<i, i*i ,0>, 0.2 }`
`        pigment{Green}`
`    }`
`    #declare i=i+0.2;`
`#end`
	i=−2
	
	条件式 i<2
	　物体
	　　球
	　　カラー
	
	i を 0.2 ずつ増加

`background{White}`	背景

図9.3　例9.3の実行結果

　例9.4のソースコードは、4個のトーラスを描画するものです。iの値を1から4まで1ずつ増加しながら、translate<0, -i, 0>という処理を繰り返します。同時に、pigment{rgb<0.2*i, 0.2*i, 0>}としてカラーを徐々に変えています。

例9.4　繰り返しによるトーラスの描画

コード	意味
`#include "colors.inc"`	カラー定数の使用

`//------------ camera -------------`
`camera{`
`    location <0, 10,-30>`
`    look_at <0,0,0>`
`    angle 30`
`}`
	カメラ
	　置き場所
	　視点
	　角度

`//------------ light -------------` `light_source{<0,15,-10> color White}`	光源 　位置・カラー（白）

`#declare i=1;`
 	
`#while(i<5)`
`    object{`
`        torus{ i, 0.5 }`
`        pigment{rgb<0.2*i, 0.2*i, 0>}`
`        translate<0, -i, 0>`
`    }`
`    #declare i=i+1;`
`#end`
	i=1
	
	条件式 i<5
	　物体
	　　トーラス
	　　カラー
	　　移動
	
	i を1ずつ増加

`background{White}`	背景

図9.4　例9.4の実行結果

例9.5のソースコードは、円錐を15度ずつ回転させながら描画するものです。iの値を0から23まで1ずつ増加しながら、rotate<0, 0, 15*i>という処理を繰り返します。

例9.5 繰り返しによる円錐の描画

コード	意味
`#include "colors.inc"`	カラー定数の使用

`//------------ camera -------------`
`camera{`
`    location <0, 0,-30>`
`    look_at <0,0,0>`
`    angle 30`
`}`
	カメラ
	　置き場所
	　視点
	　角度

`//------------ light -------------` `light_source{<0,15,-10> color White}`	光源 　位置・カラー（白）

`#declare i=0;`
 	
`#while(i<24)`
`    object{`
`        cone{<0,-5,0>, 0.5, <0,0,0>, 0}`
`        pigment{rgb<1, 0, 0>}`
`        rotate<0, 0, 15*i>`
`    }`
`    #declare i=i+1;`
`#end`
	i=0
	
	条件式 i<24
	　物体
	　　円錐
	　　カラー
	　　回転
	iを1ずつ増加

`background{White}`	背景

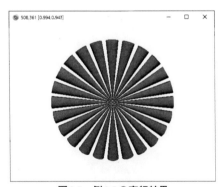

図9.5 例9.5の実行結果

　例9.6のソースコードは、スパイラル状に球を描画するものです。iの値を-72から71まで1ずつ増加しながら、rotate<0, 10*i, 0>で10度ずつ回転し、さらにtranslate<0, 0.1*i, 0>で0.1ずつy方向に移動する処理を繰り返します。

例9.6　繰り返しによる球の描画

コード	意味
#include "colors.inc"	カラー定数の使用

//----------- camera -------------
camera{
　　location <0, 10,-50>
　　look_at <0,0,0>
　　angle 30
}
	カメラ
	　置き場所
	　視点
	　角度

//----------- light ------------- light_source{<0,15,-10> color White}	光源 　位置・カラー（白）

#declare i=-72;
 	
#while(i<72)
　　object{
　　　　sphere{<3,0,0>, 0.2}
　　　　pigment{rgb<1, 0, 0>}
　　　　rotate<0, 10*i, 0>
　　　　translate<0, 0.1*i, 0>
　　}
　　#declare i=i+1;
#end
	i=-72
	
	条件式i<72
	　物体
	　　球
	　　カラー
	　　回転
	　　移動
	
	iを1ずつ増加

background{White}	背景

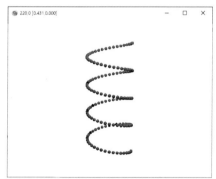

図9.6　例9.6の実行結果

9.1 節の練習問題

練習9.1.1

25個の球を連続で描画し、カラーを黒から緑に変化させましょう。

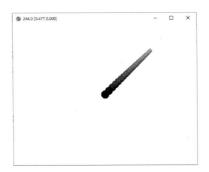

練習9.1.2

球をx方向、y方向、z方向に連続で描画しましょう。

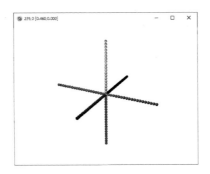

練習9.1.3

トーラスを連続で描画し、カラーを徐々に変化させましょう。繰り返しを2回使います（表紙参照）。

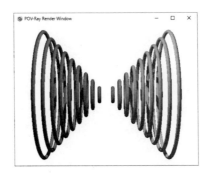

練習9.1.4

繰り返し処理を使って、自由に描画してみましょう。

9.2　多重ループ

　繰り返し処理の中に、さらに繰り返し処理を記述することができます。すなわち、#while −
#endの中に、#while − #endを記述します。　例9.7のソースコードは81（9×9）個の球を描画
する例です。外側のループは、i=-4から4まで1ずつ増加しながら9回繰り返します。さらに内側
のループはj=-4から4まで1ずつ増加しながら9回繰り返します。iの値が1ずつ変わるたびに、
内側のループを9回繰り返しますので、全部で81（9×9）回繰り返します。

例9.7　繰り返しによる球の描画

コード	意味
`#include "colors.inc"`	カラー定数の使用

`//----------- camera -------------`
`camera{`
`    location <0, 10,-30>`
`    look_at <0,0,0>`
`    angle 30`
`}`
	カメラ
	　置き場所
	　視点
	　角度

`//----------- light -------------` `light_source{<0,15,-10> color White}`	光源 　位置・カラー（白）

`#declare i=-4;`
 	
`#while(i<5)`
`    #declare j=-4;`
 	
`    #while(j<5)`
 	
`        object{`
`            sphere{<i,j,0>, 0.25}`
`            pigment{rgb<0, 1, 1>}`
`        }`
 	
`        #declare j=j+1;`
`    #end`
 	
`    #declare i=i+1;`
`#end`
	i=-4
	
	条件式i<5
	j=-4
	
	条件式j<5
	
	球
	　中心座標(i,j,0)
	　カラー
	
	jを1ずつ増加
	
	iを1ずつ増加

`background{White}`	背景

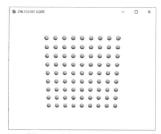

図9.7　例9.7の実行結果

　例9.8のソースコードは、黄色と青の円柱を描画するものです。それぞれ25（5×5）本の円柱を積み重ねるように置いています。1つめの2重ループで黄色の円柱を描画します。続いて、2つめ2重ループで青の円柱を描画します。

例9.8　繰り返しによる円柱の描画

コード	意味
`#include "colors.inc"`	カラー定数の使用

`//----------- camera -------------`
`camera{`
`    location <20, 10,-50>`
`    look_at <0,0,0>`
`    angle 30`
`}`
	カメラ
	　置き場所
	　視点
	　角度

`//----------- light -------------` `light_source{<0,15,-10> color White}`	光源 　位置・カラー（白）

`#declare i=-2;`
 	
`#while(i<3)`
`    #declare j=-2;`
 	
`    #while(j<3)`
 	
`        object{`
`            cylinder{<-5,0,0>, <5,0,0>, 0.5}`
`            pigment{rgb<1, 1, 0>}`
`            translate<0, 2*i, 2*j>`
`        }`
`        #declare j=j+1;`
`    #end`
`    #declare i=i+1;`
`#end`
 	
`#declare i=-2;`
 	
`#while(i<3)`
`    #declare j=-2;`
 	
`    #while(j<3)`
 	
`        object{`
`            cylinder{<0,1,-5>, <0,1,5>, 0.5}`
`            pigment{rgb<0, 0, 1>}`
`            translate<2*j, 2*i, 0>`
`        }`
`        #declare j=j+1;`
`    #end`
`    #declare i=i+1;`
`#end`
	i=-2
	
	条件式 i<3
	j=-2
	
	条件式 j<3
	
	　物体
	　　円柱
	　　カラー
	　　移動
	
	j を1ずつ増加
	
	i を1ずつ増加
	
	i=-2
	
	条件式 i<3
	j=-2
	
	条件式 j<3
	
	　物体
	　　円柱
	　　カラー
	　　移動
	
	j を1ずつ増加
	
	i を1ずつ増加

`background{White}`	背景

図9.8　例9.8の実行結果

9.2節の練習問題

練習9.2.1

49（7×7）個の円柱を2重ループで描画しましょう。

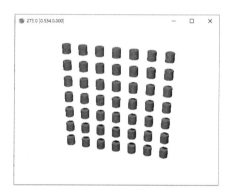

9.3　条件分岐

条件によって流れを分岐するには、#if – #else – #endを使います。

```
#if( 条件式 )
    条件式が成立する場合の処理
#else
    条件式が成立しない場合の処理
#end
```

例9.9のソースコードは、10個の球を描画するものです。iの値を−5から4まで1ずつ増加します。iの値がマイナスの場合（i<0）、赤い球を描画します。iの値がプラスの場合、緑の球を描画します。

例9.9　条件により色を選択した球の描画

コード	意味
`#include "colors.inc"`	カラー定数の使用

`//------------ camera -------------`
`camera{`
`    location <0, 0,-30>`
`    look_at <0,0,0>`
`    angle 30`
`}`
	カメラ
	　置き場所
	　視点
	　角度

`//------------ light -------------` `light_source{<0,15,-10> color White}`	光源 　位置・カラー（白）

`#declare i=-5;`
 	
`#while(i<5)`
`    object{`
`        sphere{<i,0,0>, 0.5 }`
`        #if(i<0)`
`            pigment{Red}`
`        #else`
`            pigment{Green}`
`        #end`
`    }`
`    #declare i=i+1;`
`#end`
	i=-5
	
	条件式 i<5
	　物体
	　　球
	条件式 i<0
	　カラー（赤）
	
	　カラー（緑）
	
	i を 1 ずつ増加

`background{White}`	背景

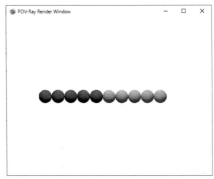

図9.9　例9.9の実行結果

　例9.10のソースコードは、10個の球を描画するものです。iの値を−5から4まで1ずつ増加します。iの値を3で割り算した余りが0の場合は青い球を描画し、余りが0でない場合は黄色の球を描画します。ここで、mod(i,3)はiを3で割り算した余りのことです。

例9.10　条件により色を選択した球の描画

コード	意味
`#include "colors.inc"`	カラー定数の使用

`//------------ camera -------------`
`camera{`
`    location <0, 0,-30>`
`    look_at <0,0,0>`
`    angle 30`
`}`
	カメラ
	　置き場所
	　視点
	　角度

`//------------ light -------------` `light_source{<0,15,-10> color White}`	光源 　位置・カラー（白）

`#declare i=-5;`
 	
`#while(i<5)`
`    object{`
`       sphere{<i, i, 0>, 0.5 }`
`       #if(mod(i,3)=0)`
`          pigment{Blue}`
`       #else`
`          pigment{Yellow}`
`       #end`
`    }`
`    #declare i=i+1;`
`#end`
	i=−5
	
	条件式 i<5
	　物体
	　　球
	条件式 mod(i,3)=0
	　カラー（青）
	
	　カラー（黄）
	
	　iを1ずつ増加

`background{White}`	背景

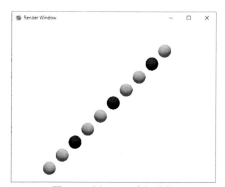

図9.10　例9.10の実行結果

9.3節の練習問題

練習9.3.1

　左右対称に9本ずつの直方体を描画し、カラーを3本おきに変化させましょう。また、直方体の高さを徐々に変化させましょう。

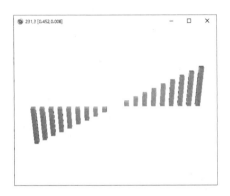

練習9.3.2

　81個の円錐を描画し、対角線の位置にある円錐のみ色を変化させましょう。

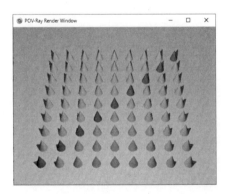

練習9.3.3

　繰り返し処理と条件分岐を使って、自由に描画してみましょう。

第10章

マクロ

マクロを使うと、複数の図形をまとめて1つの処理にすることができます。プログラム言語では「関数」といわれる機能と似ています。この章では、マクロの記述について学習します。

10.1　マクロの定義

マクロは、図形描画の処理をまとめて実行する手段で、次のように記述します。

```
#macro マクロ名(引数1, 引数2, ...)
    描画の処理
#end
```

まず、マクロを定義します。次のソースコードは2個の球を描画するマクロを記述したものです。

```
#macro Draw_2Ball(x0,y0,z0,r)
    union{
        sphere{<x0-r,y0,z0>,r}
        sphere{<x0+r,y0,z0>,r}
    }
#end
```

マクロ名はDraw_2Ballです。この名称は自由に決めることができます。描画する図形を表すように名前をつけましょう。マクロ名の後に、(x0,y0,z0,r)という引数があります。これはx0,y0,z0,rという4つの値を受け取り、以降の処理を行うということを意味します。このマクロでは(x0,y0,z0)が2つのボールの接点の座標、rは球の半径です。

マクロは、複数の物体の描画処理を組み合わせてまとめたものです。複数の描画処理を組み合わせるには、unionやdifferenceなど、物体同士の演算を用います。

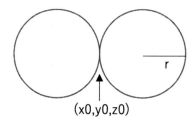

(x0,y0,z0)

10.2　マクロの呼び出し

定義したマクロを呼び出すには、マクロ名に続けて、（ ）内に引数を記述します。下の例では、(x0,y0,z0)の座標が(0,0,0)、半径r=1として、このマクロを呼び出しています。

```
Draw_2Ball(0,0,0,1)
```

一度定義したマクロは、何度でも呼び出して使うことができます。

例10.1　2個の球を描画するマクロ

コード	意味
`#include "colors.inc"`	カラー定数の使用

`//------------ camera -------------`
`camera{`
`    location <0, 10,-30>`
`    look_at <0,0,0>`
`    angle 30`
`}`
	カメラ
	　置き場所
	　視点
	　角度

`//------------ light -------------` `light_source{<0,15,-10> color White}`	光源 　位置・カラー（白）

`#macro Draw_2Ball(x0,y0,z0,r)`
`    union{`
`        sphere{<x0-r,y0,z0>,r}`
`        sphere{<x0+r,y0,z0>,r}`
`    }`
`#end`
	マクロの定義
	和
	　球
	　球

`object{`
`    Draw_2Ball(0,0,0,1)`
`    pigment{color Green}`
`}`
	物体
	マクロの呼び出し
	カラー

`object{`
`    Draw_2Ball(0,3,0,1)`
`    pigment{color Red}`
`}`
	物体
	マクロの呼び出し
	カラー

`object{`
`    Draw_2Ball(0,-3,0,1)`
`    pigment{color Orange}`
`}`
	物体
	マクロの呼び出し
	カラー

`background{White}`	背景

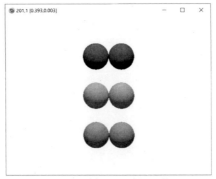

図10.1　例10.1の実行結果

例10.2のソースコードは、例10.1で定義したマクロを繰り返し処理で呼び出しています。

例10.2　繰り返しによるマクロの呼び出し

コード	意味
`#include "colors.inc"`	カラー定数の使用

<pre>//------------ camera -------------
camera{
    location <0, 0,-30>
    look_at <0,0,0>
    angle 30
}</pre>
	カメラ
	　置き場所
	　視点
	　角度

<pre>//------------ light -------------
light_source{<0,15,-10> color White}</pre>
	光源
	　位置・カラー（白）

<pre>#macro Draw_2Ball(x0,y0,z0,r)
    union{
        sphere{<x0-r,y0,z0>,r}
        sphere{<x0+r,y0,z0>,r}
    }
#end
 	
#declare i=-4;
 	
#while(i<5)
     object{
     Draw_2Ball(i, i, 0, 0.4)
     pigment{color Green}
   }
    declare i=i+1;
#end</pre>
	マクロの定義
	和
	　球
	　球
	
	i=--4
	
	条件式i<5
	物体
	マクロの呼び出し
	カラー
	
	iを1ずつ増加

`background{White}`	背景

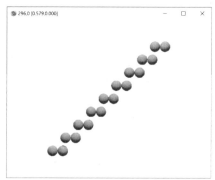

図10.2　例10.2の実行結果

例10.3のソースコードは、中心座標と1辺の長さを引数として、直方体（立方体）を描画するマクロを定義しています。球と同じような座標の指定方法で直方体（立方体）を描画することができます。

例10.3　直方体（立方体）を描画するマクロ

コード	意味
`#include "colors.inc"`	カラー定数の使用

`//------------ camera -------------`
`camera{`
`    location <10, 10,-30>`
`    look_at <0,0,0>`
`    angle 30`
`}`
	カメラ
	置き場所
	視点
	角度

`//------------ light -------------` `light_source{<0,15,-10> color White}`	光源 位置・カラー（白）

`#macro Draw_Cube(x0,y0,z0,a)`
`    box{<x0-a/2, y0-a/2, z0-a/2>, <x0+a/2, y0+a/2, z0+a/2>}`
`#end`
 	
`object{`
`    Draw_Cube(0,0,0,5)`
`    pigment{color Green}`
`}`
	マクロの定義
	直方体
	
	物体
	マクロの呼び出し
	カラー

`object{`
`    Draw_Cube(5,0,0,2)`
`    pigment{color Red}`
`}`
	物体
	マクロの呼び出し
	カラー

`object{`
`    Draw_Cube(-6,0,0,3)`
`    pigment{color Blue}`
`}`
	物体
	マクロの呼び出し
	カラー

`background{White}`	背景

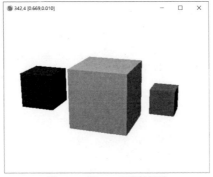

図10.3　例10.3の実行結果

　例10.4のソースコードは、空洞の円筒を描画するマクロを定義しています。円柱を描画し、半径の小さい円柱の差を演算します。マクロの引数は、円筒の中心座標(x0,y0,z0)、円柱の高さh、円柱の外径r1、円柱の内径r2です。

例10.4　円筒を描画するマクロ

コード	意味
`#include "colors.inc"`	カラー定数の使用

`//------------ camera -------------`
`camera{`
`    location <0, 15,-30>`
`    look_at <0,0,0>`
`    angle 30`
`}`
	カメラ
	　置き場所
	　視点
	　角度

`//------------ light -------------` `light_source{<0,15,-10> color White}`	光源 　位置・カラー（白）

`#macro Draw_tube(x0,y0,z0,h,r1,r2)`
`    difference{`
`        cylinder{<x0, y0-h/2,z0>,<x0,y0+h/2,z0>,r1}`
`        cylinder{<x0,y0-h,z0>,<x0,y0+h,z0>,r2}`
`    }`
`#end`
 	
`object{`
`    Draw_tube(0,0,0,5,3,2)`
`    pigment{color Green}`
`}`
	マクロの定義
	差
	　円柱
	　円柱
	
	物体
	マクロの呼び出し
	カラー

`background{White}`	背景

図10.4　例10.4の実行結果

第10章の練習問題

練習 10.1

　3個の球を描画するマクロを定義（マクロ名は適当に決める）しましょう。中央の球の中心座標(x0,y0,z0)と球の半径rを引数としましょう。

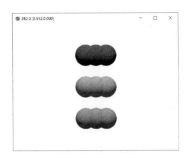

練習 10.2

　球と円錐を描画するマクロを定義（マクロ名は適当に決める）しましょう。球と円錐の接点の座標(x0,y0,z0)と球の半径rを引数とし、円錐の高さは2*rとしましょう。

練習 10.3

　穴の開いた球を描画するマクロを定義（マクロ名は適当に決める）しましょう。球の中心座標(x0,y0,z0)と球の半径r1、および穴の半径r2を引数とし、球の穴は、円柱との差の演算を行いましょう。

練習10.4

練習10.3で定義したマクロを繰り返し呼び出して描画しましょう。

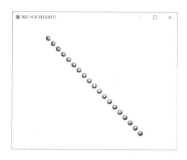

練習10.5

マクロを使って、自由に描画してみましょう。

第**11**章

アニメーション

POV-Rayでは、画像ファイルを連続的に出力することにより、アニメーションを生成することができます。動画のコマ数をプログラムで調整し、物体の動きをコントロールします。この章では、アニメーションの作り方について学習します。

11.1　コマ割り

POV-Rayのメニューには、次の図の枠で囲んだ部分のようなコマンドラインがあります。

デフォルトでは空白ですが、ここにアニメーションのコマ割りを示すコマンドを入力します。上の例では、以下のようになっています。

```
+KFI1 +KFF6
```

これは、1コマ目から6コマ目まで連続で画像を出力するということです。+KFI1と+KFF6の間には、必ず半角のスペースを入れます。出力される画像は、png形式です。

もし、次のように入力すると1コマ目から30コマ目まで30枚の画像ファイルが出力されます。

```
+KFI1 +KFI30
```

11.2　clock変数

アニメーションを行う上で重要なのはclockという変数です。ソースコードの中に記述すると、自動的に0〜1の範囲で変化します。

コマ割りを「+KFI1 +KFF6」とした場合、変数clockは0、0.2、0.4、0.6、0.8、1と6コマで分割して0.2刻みで変化することになります。また、もしコマ割りを「+KFI1 +KFF21」とした場合、変数clockは0、0.05、0.10、0.15、……、1と21コマで分割して0.05刻みで変化することになります。

アニメーションはコマ割りを細かく刻む方が自然な動きになりますが、出力されるファイルの数が多くなります。

11.3 物体の平行移動

例11.1のソースコードは、1個の球を中央からx方向に移動するアニメーションです。コマンドは「+KFI1 +KFF6」とします。

clock変数を使って、移動の部分を次のように記述します。clockは0、0.2、0.4、……、1と自動的に変化しますので、0、1、2、……、5とx方向の値が変化し、球が移動していきます。

```
translate<5*clock, 0, 0>
```

実行すると、ソースコードと同じフォルダに、6つのpngファイルが出力されます。

例11.1 球をx方向へ移動させるアニメーション

コード	意味
#include "colors.inc"	カラー定数の使用

//------------ camera -------------
camera{
　　location <0, 10,-30>
　　look_at <0,0,0>
　　angle 30
}
	カメラ
	　置き場所
	　視点
	　角度

//------------ light ------------- light_source{<0,15,-10> color White}	光源 　位置・カラー（白）

object{
　　sphere{<0,0,0>, 1}
　　pigment{rgb<0, 0, 1>}
　　translate<5*clock, 0, 0>
}
	物体
	　球
	　カラー
	　移動（5 × clock）

background{White}	背景

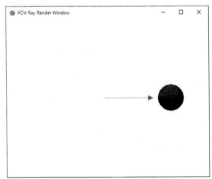

図11.1 例11.1の実行結果

　例11.2のソースコードは、例11.1の球を2個にしたものです。clock変数を2回使い、一方は5*clock、もう一方は-5*clockとして、反対に移動させています。コマンドは「+KFI1 +KFF6」とします。

例11.2　2個の球を反対方向へ移動させるアニメーション

コード	意味
`#include "colors.inc"`	カラー定数の使用

`//------------ camera -------------`
`camera{`
`    location <0, 10,-30>`
`    look_at <0,0,0>`
`    angle 30`
`}`
	カメラ
	置き場所
	視点
	角度

`//------------ light -------------` `light_source{<0,15,-10> color White}`	光源 位置・カラー（白）

`object{`
`    sphere{<0,0,0>, 1}`
`    pigment{rgb<1, 0, 1>}`
`    translate<5*clock, 0, 0>`
`}`
	物体1
	球
	カラー
	移動（5×clock）

`object{`
`    sphere{<0,0,0>, 1}`
`    pigment{rgb<1, 0, 1>}`
`    translate<-5*clock, 0, 0>`
`}`
	物体2
	球
	カラー
	移動（−5×clock）

`background{White}`	背景

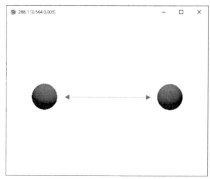

図11.2　例11.2の実行結果

11.4 物体の回転

例11.3のソースコードは、中央の直方体（立方体）をz軸を中心に45度ずつ回転させるものです。コマンドは「+KFI1 +KFF9」とします。

rotate<0, 0, 360*clock>として、回転角を45度ずつ刻みます。

例11.3 直方体（立方体）を回転させるアニメーション

コード	意味
#include "colors.inc"	カラー定数の使用

//------------ camera -------------
 camera{
     location <20, 10,-20>
     look_at <0,0,0>
     angle 30
 }
	カメラ
	 置き場所
	 視点
	 角度

//------------ light ------------- light_source{<0,15,-10> color White}	光源 位置・カラー（白）

object{
     box{<-1,-1,-1>, <1,1,1>}
     pigment{rgb<0, 1, 0>}
     rotate<0, 0, 360*clock>
 }
	物体
	 直方体
	 カラー
	 回転（360×clock）

background{White}	背景

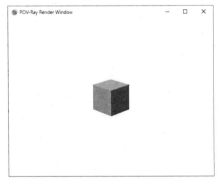

図11.3 例11.3の実行結果

11.5　カメラの移動

　例11.4のソースコードは、中央に直方体（立方体）を描画し、cameraの位置を手前に移動させ
るものです。コマンドは「+KFI1 +KFF6」とします。

　location <0, 5, -15*clock-5>として、カメラの位置をz方向に-5〜-20まで変化させます。

例11.4　カメラを移動させるアニメーション

コード	意味
#include "colors.inc"	カラー定数の使用

//------------ camera -------------
camera{
　　location <0, 5, -15*clock-5>
　　look_at <0,0,0>
　　angle 30
}
	カメラ
	　置き場所（-15*clock-5）
	　視点
	　角度

//------------ light ------------- light_source{<0,15,-10> color White}	光源 　位置・カラー（白）

object{
　　box{<-1,-1,-1>, <1,1,1>}
　　pigment{rgb<1, 1, 0>}
}
	物体
	　直方体
	　カラー

background{White}	背景

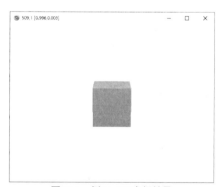

図11.4　例11.4の実行結果

11.6　光源の明るさの変化

　例11.5のソースコードは、中央に緑色の直方体（立方体）を描画し、光源を徐々に明るくする
ものです。コマンドは「+KFI1 +KFF5」とします。

　`light_source{<0,15,-10> color rgb<clock,clock,clock>}`として、光源の色を黒から白に5
段階で変化させます。

例11.5　光源の明るさを変化させるアニメーション

コード	意味
`#include "colors.inc"`	カラー定数の使用

`//------------ camera -------------`
`camera{`
`    location <5, 5, -15>`
`    look_at <0,0,0>`
`    angle 30`
`}`
	カメラ
	　置き場所
	　視点
	　角度

`//------------ light -------------` `light_source{<0,15,-10> color rgb<clock,clock,clock>}`	光源 　位置 　カラー（黒から白）

`object{`
`    box{<-1,-1,-1>, <1,1,1>}`
`    pigment{rgb<0, 1, 0>}`
`}`
	物体
	　直方体
	　カラー

`background{Black}`	背景

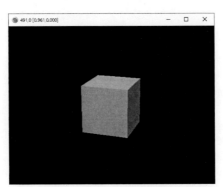

図11.5　例11.5の実行結果

第11章の練習問題

練習11.1

円錐を描画し360度回転させるアニメーションを作成しましょう。はじめの位置から、45度ずつ回転し、元の位置に戻ります。

練習11.2

2個の球が中心から離れていきながら、サイズが大きくなるというアニメーションを描画しましょう。

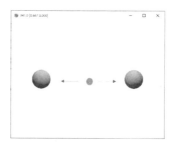

練習11.3

円錐と球が中央から徐々に上（y方向）に移動するアニメーションを描画しましょう。円錐と球はunionで結合しマクロを定義します。

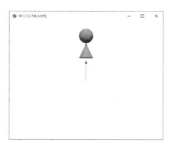

練習11.4

アニメーションを使って、自由に描画してみましょう。

発展的な図形の描画

この章では、発展的な図形の描画について学習します。点と点をつないで、立体や回転体を生成します。また、立体の文字列を描画します。

12.1　円盤（disc）

　円盤を描画するには、discというキーワードを使って中カッコの中に、次のように中心座標と法線ベクトル、半径、穴の半径を指定します。穴の半径を省略すると、穴のない円盤が描画されます。

```
disc { <x0, y0, z0>, <x, y, z>, r1 , r2 }
```

　ここで、<x0, y0, z0>は円盤の中心座標、<x, y, z>は法線ベクトル、r1は円盤の半径、r2は穴の半径です。
　例12.1のソースコードは3枚の円盤を描画するものです。

例12.1　3枚の円盤

コード	意味
`#include "colors.inc"`	カラー定数の使用

`//------------ camera -------------`
`camera{`
`  location <-5, 10, -15>`
`  look_at <0, 0, 0>`
`  angle 30`
`}`
	カメラ
	　置き場所
	　視点
	　角度

`//------------ light -------------` `light_source{ <-10, 15, -10> color White }`	光源 　位置・カラー（白）

`disc{<-2,0,0>,<0,1,0> ,2`
`    pigment{checker color Green, color Red}`
`}`
	円盤
	　中心座標、法線ベクトル、半径
	　パターン

`disc{<2,0,0>,<0,1,0> ,2, 1`
`    pigment{checker color Blue, color Magenta}`
`}`
	円盤
	　中心座標、法線ベクトル、半径、穴の半径
	　パターン

`disc{<0,0,0>,<1,0,0> ,2, 1.5`
`    pigment{checker color Yellow, color Black}`
`}`
	円盤
	　中心座標、法線ベクトル、半径、穴の半径
	　パターン

`background{White}`	背景

図12.1　例12.1の実行結果

12.2　三角形（triangle）

三角形を描画するには、triangleというキーワードを使って中カッコの中に、次のように頂点座標を指定します。

```
triangle { <x1, y1, z1>, <x2, y2, z2>, <x3, y3, z3> }
```

例12.2のソースコードは4枚の三角形をピラミッド状描画するものです。

例12.2　4枚の三角形を組み合わせたピラミッド

コード	意味
`#include "colors.inc"`	カラー定数の使用

`//------------ camera -------------`
`camera{`
`    location <0, 10,-30>`
`    look_at <0,0,0>`
`    angle 30`
`}`
	カメラ
	置き場所
	視点
	角度

`//------------ light -------------` `light_source{<0,15,-10> color White}`	光源 位置・カラー（白）

`triangle{<-4,0,0>,<0,6,0>,<4,0,0>`
`    pigment{checker color Green, color Red}`
`}`
	三角形
	頂点座標
	パターン

`triangle{<-4,0,0>,<0,6,0>,<0,0,-4>`
`    pigment{checker color Blue, color Red}`
`}`
	三角形
	頂点座標
	パターン

`triangle{<0,0,-4>,<0,6,0>,<4,0,0>`
`    pigment{checker color Green, color Yellow}`
`}`
	三角形
	頂点座標
	パターン

`triangle{<-4,0,0>,<0,0,-4>,<4,0,0>`
`    pigment{checker color Black, color White}`
`}`
	三角形
	頂点座標
	パターン

`background{White}`	背景

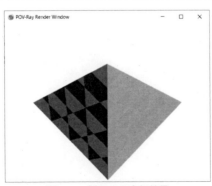

図12.2　例12.2の実行結果

12.3　多角形（polygon）

　多角形を描画するには、polygonというキーワードを使って中カッコの中に、次のように頂点の総数と頂点座標<x,y>を指定します。記述した順で頂点を直線で結び閉路を作ると、内部が塗りつぶされます。

```
polygon { n,
         <x1, y1>, <x2, y2>, <x3, y3>, ...<xn, yn>
}
```

　例12.3のソースコードは"P.V"というアルファベットをpolygonで描画するものです。アルファベットの輪郭の頂点座標を指定します。"P"は文字の外側と内側の輪郭についてそれぞれ閉路を作ります。頂点座標で閉路を作るため、始点と終点は同じ座標になります。

例12.3　多角形の描画

コード	意味
`#include "colors.inc"`	カラー定数の使用

`//------------ camera -------------`
`camera {`
　　`location <0, 0, -50>`
　　`look_at <0, 0, 0>`
　`}`
	カメラ
	　置き場所
	　視点
	　角度

`//------------ light -------------` `light_source { <10, 50, -100> White }`	光源 　位置・カラー（白）

`polygon {`
　　`12,`
　　`// outside of "P"`
　　`<-8, 0>, <-8, 10>, <-3, 10>, <-3, 5>,`
　　`<-7, 5>, <-7, 0>, <-8, 0>`
 	
　　`// inside of "P"`
　　`<-7, 6>, <-7, 9>, <-4, 9>,`
　　`<-4, 6>, <-7, 6>`
 	
　　`pigment { color rgb <0, 1, 1> }`
 	
`}`
	多角形
	　頂点の総数
	　頂点座標
	
	カラー

`polygon {`
　　`5,`
　　`// "."`
　　`<-1, 0>, <-1, 2>, < 1, 2>,`
　　`< 1, 0>, <-1, 0>`
 	
　　`pigment { color rgb <0, 0, 0> }`
`}`
	多角形
	　頂点の総数
	　頂点座標
	
	カラー

``
polygon {
    8,
    // "V"
    <4.5, 0>, <3, 10>, < 4, 10>, <5.5, 1>,
<7, 10>, <8, 10>, <6.5, 0>, <4.5, 0>
 	
    pigment { color rgb <1, 1, 0> }
}
``
	多角形
	頂点の総数
	頂点座標
	
	カラー

``` background{White} ```	背景

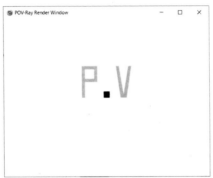

図12.3　例12.3の実行結果

12.4　角柱（prism）

　角柱はxz平面上の図形をy軸に沿って平行移動させることによって作られる物体で、prismというキーワードを使って中カッコの中に、次のように、yの始点y1・終点y2の座標、頂点の総数nと各頂点座標<x,z>を指定します。

　linear_sweepは直線での平行移動です。linear_splineは頂点を直線で結びます。

```
prism { n,
    linear_sweep
    linear_spline
    y1, y2
    n
    <x1, z1>, <x2, z2>, <x3, z3>, ...<xn, zn>
}
```

　例12.4のソースコードは6角柱を描画するものです。頂点座標は最初と最後を同じ座標とし、合計7点になります。

例12.4　6角柱の描画

コード	意味
`#include "colors.inc"`	カラー定数の使用

`//----------- camera ------------`
`camera {`
`    location <0, 20, -35>`
`    look_at <0, 0, 0>`
`    angle 20`
`}`
	カメラ
	　置き場所
	　視点
	　角度

`//----------- light ------------` `light_source { <20, 20, -20> color White }`	光源 　位置・カラー（白）

`prism {`
`    linear_sweep`
`    linear_spline`
 	
`    -2, 2,`
`    7,`
`    <3,5>, <-3,5>, <-5,0>, <-3,-5>, <3, -5>, <5,0>, <3,5>`
 	
`    pigment { Green }`
`}`
	角柱
	　直線での平行移動
	　直線で頂点を結ぶ
	
	　y座標の始点・終点
	　点の総数
	　各頂点
	
	　カラー

`background{White}`	背景

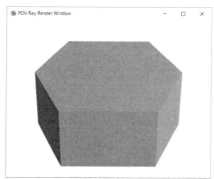

図12.4　例12.4の実行結果

12.5　3次元テキスト（text）

　3次元テキスト（立体文字列）を描画するには、textというキーワードを使って中カッコの中に、次のように、フォント名、文字列、文字列の奥行t、文字間隔dを指定します。

`text { ttf "フォント名" "文字列" 文字列の奥行t，文字間隔d}`

　ttfとはtrue type fontのことです。フォント名は、crystal.ttf、cyrvetic.ttf、timrom.ttfのいずれかを指定します。文字列の奥行tはz方向への厚みです。文字間隔dは通常0で、マイナ

スの値にすると間隔が詰まります。

　例12.5のソースコードは、Happy、Birthday、to youという文字列を描画するものです。

例12.5　立体文字列の描画

コード	意味
`#include "colors.inc"`	カラー定数の使用

`//------------ camera -------------`
`camera {`
`    location <0,5,-20>`
`    look_at <0,0,0>`
`    angle 20`
`}`
	カメラ
	　置き場所
	　視点
	　角度

`//------------ light -------------` `light_source { <-3,10,10> color White}`	光源 　位置・カラー（白）

`object{`
`    text{ttf "crystal.ttf" "Happy" 0.5,0}`
`    pigment{color Cyan}`
`    translate <-2,2,0>`
`}`
	物体
	　立体文字列
	　フォント・奥行
	　カラー
	　移動

`object{`
`    text{ttf "cyrvetic.ttf" "Birthday" 0.8, 0}`
`    pigment{color Magenta}`
`    translate <-2,0,0>`
`}`
	物体
	　立体文字列
	　フォント・奥行
	　カラー
	　移動

`object{`
`    text{ttf "timrom.ttf" "to you" 0.5, 0}`
`    pigment{color Yellow}`
`    translate <-2,-2,0>`
`}`
	物体
	　立体文字列
	　フォント・奥行
	　カラー
	　移動

`background{Black}`	背景

図12.5　例12.5の実行結果

12.6　回転体（lathe）

　回転体は、xy平面上の図形をy軸を中心に回転させてできる物体で、latheというキーワードを使って中カッコの中に、次のように、頂点の総数、頂点座標<x,y>を指定します。

```
lathe { linear_spline
      n
      <x1, y1> ,<x2, y2> , ... , <xn ,yn>
}
```

　もとになるxy平面上の図形は、xの値が0以上となるように指定します。linear_splineは各点を直線で結びます（図12.6）。
　例12.6のソースコードは6点<0,-4>、<1,-2>、<5,1>、<2,3>、<2,4>、<0,4>をもとに回転体を描画するものです。

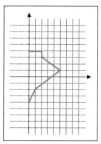

図12.6　回転体の元の図形

例12.6　回転体の描画

コード	意味
#include "colors.inc"	カラー定数の使用

//------------ camera -------------
camera {
   location <0, 10, -40>
   look_at <0, 0, 0>
   angle 20
}
	カメラ
	置き場所
	視点
	角度

//------------ light ------------- light_source { <10, 20, -20> color White }	光源 位置 カラー（白）

lathe {
   linear_spline
   6,
   <0,-4>, <1,-2>, <5,1>, <2,3>, <2,4>, <0,4>
 	
   pigment{color Brown}
}
	回転体
	直線で結ぶ
	点の総数
	各点
	
	カラー

background{White}	背景

図12.7　例12.6の実行結果

例12.6のソースコードでlinear_splineをquadratic_splineに書き換えると、各点が2字曲線で結ばれ、図12.8のような物体が描画されます。

図12.8　例12.6の実行結果2

12.7　球スイープ（sphere_sweep）

球スイープは球を点から点に移動させた軌跡によって描画される物体で、sphere_sweepというキーワードを使って中カッコの中に、次のように、頂点の総数n、頂点座標<x,y,z>を指定します。

```
sphere_sweep {
    linear_spline
    n
    <x1, y1, z1> ,<x2, y2, z2> , ... , <xn, yn, zn>
}
```

例12.7のソースコードは、4つの頂点を球が移動した軌跡です。

例12.7　球スイープの描画

コード	意味
`#include "colors.inc"`	カラー定数の使用

`//----------- camera ------------`
`camera {`
`    location <0, 10, -40>`
`    look_at <0, 0, 0>`
`    angle 20`
`}`
	カメラ
	　置き場所
	　視点
	　角度

`//----------- light ------------` `light_source { <10, 20, -20> color White }`	光源 　位置 　カラー（白）

`sphere_sweep {`
`    linear_spline,`
`    4,`
`    <-5, 5, 0>, 1`
`    < 5, 5, 0>, 1`
`    <-5, -5, 0>, 1`
`    < 5, -5, 0>, 1`
 	
`    pigment{color Blue}`
`  }`
	球スイープ
	　直線で結ぶ
	　点の総数
	　各点
	
	カラー

`background{White}`	背景

図12.9　例12.7の実行結果

12.8　その他の図形

POV-Rayでは本書で紹介した以外に、次のような物体を描画することができます。

・超2次曲面（`superellipsoid`）

・スムーズ3角形（`smooth_triangle`）

・メッシュ（`mesh`）

・簡易回転体（`sor`）

・ハイト・フィールド（`height_field`）

・ブロブ（blob）

・フラクタル（julia_fractal）

詳細は、POV-Ray公式サイトなどを参考にしてください。

第12章の練習問題

練習12.1

三角形を使って、正八面体を作成しましょう。

練習12.2

多角形を使って、自分のイニシャルを作成しましょう。

練習12.3

角柱を使って、次の図形を作成しましょう。

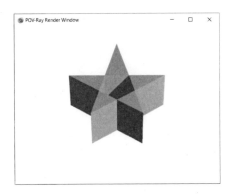

練習12.4

3次元テキストで、自分の苗字と名前を作成しましょう。

練習12.5

回転体で陶器や食器を作成しましょう。

練習12.6

回転体でボウリングのピンを作成しましょう。

練習12.7

球スイープで自分の名前（アルファベット）を作成しましょう。

練習12.8

円盤、三角形、多角形、角柱、3次元テキスト、回転体、球スイープなどを使って、自由に描画しましょう。

著者紹介

山住 富也 （やまずみ とみや）

1991年　中部大学大学院博士後期課程修了
1994年　工学博士
現在　名古屋文理大学情報メディア学部教授／図書情報センター長

著書

『改訂新版　初めてのTurboC＋＋』（共著），技術評論社，1994.
『Pascalの基礎』（共著），ムイスリ出版，1994.
『理系のためのVisualBasic 6.0実践入門』（共著），技術評論社，1999.
『コンピュータ活用技術』（共著），朝倉書店，2002.
『ネットワーク社会の情報倫理』（共著），近代科学社，2005.
『理系のためのVisualBasic 2005実践入門』（共著），技術評論社，2007.
『モバイルネットワーク社会の情報倫理』，近代科学社，2009.
『モバイルネットワーク社会の情報倫理　第2版』，近代科学社，2015.

◎本書スタッフ
マネージャー：大塚 浩昭
編集長：石井 沙知
編集支援：向井 領治
表紙デザイン：tplot.inc 中沢 岳志
技術開発・システム支援：インプレスR&D NextPublishingセンター

●本書に記載されている会社名・製品名等は、一般に各社の登録商標または商標です。本
文中の©、®、TM等の表示は省略しています。

●本書の内容についてのお問い合わせ先
近代科学社Digital　メール窓口
kdd-info@kindaikagaku.co.jp
件名に「『本書名』問い合わせ係」と明記してお送りください。
電話やFAX、郵便でのご質問にはお答えできません。返信までには、しばらくお時間をい
ただく場合があります。なお、本書の範囲を超えるご質問にはお答えしかねますので、あ
らかじめご了承ください。

はじめての3DCGプログラミング

例題で学ぶPOV-Ray

2020年1月17日　初版発行Ver.1.0
2021年3月19日　Ver.1.1

著　者　山住 富也
発行人　井芹 昌信
発　行　近代科学社Digital
販　売　株式会社近代科学社
　　　　〒162-0843
　　　　東京都新宿区市谷田町2-7-15
　　　　https://www.kindaikagaku.co.jp

印刷・製本　京葉流通倉庫株式会社
Printed in Japan

ISBN978-4-7649-6006-0

近代科学社 Digital は、株式会社近代科学社が推進する21世紀型の理工系出版レーベ
ルです。デジタルパワーを積極活用することで、オンデマンド型のスピーディで持続可能な出
版モデルを提案します。

近代科学社Digitalは株式会社インプレスR&Dのデジタルファースト出版プラットフォーム
"NextPublishing"との協業で実現しています。